小小兵法家
孙子的智慧启蒙

姜蒙 编著

北京日报出版社

图书在版编目（CIP）数据

小小兵法家：孙子的智慧启蒙 / 姜蒙编著．
北京：北京日报出版社，2024.12． -- ISBN 978-7
-5477-5104-6

Ⅰ．E892.25-49

中国国家版本馆 CIP 数据核字第 2024V0Q473 号

小小兵法家：孙子的智慧启蒙

出版发行：	北京日报出版社
地　　址：	北京市东城区东单三条8-16号东方广场东配楼四层
邮　　编：	100005
电　　话：	发行部：（010）65255876
	总编室：（010）65252135
印　　刷：	德富泰（唐山）印务有限公司
经　　销：	各地新华书店
版　　次：	2024年12月第1版
	2024年12月第1次印刷
开　　本：	710毫米×1000毫米　1/16
印　　张：	9
字　　数：	151千字
定　　价：	59.00元

版权所有，侵权必究，未经许可，不得转载

亲爱的小读者们：

欢迎来到《孙子兵法》的世界！《孙子兵法》由我国古代伟大的军事家孙武所著，它不仅是我国最伟大的军事经典之一，也是一本关于智慧、策略和决策的宝典。

一提到"兵法"，你们可能会觉得有些严肃和陌生，好像只有大人才能读与"兵法"相关的书。其实《孙子兵法》中有很多有趣且充满智慧的故事，可以帮助我们更好地理解世界，更有智慧地面对困难和挑战。

《孙子兵法》中的许多核心思想，不仅适用于战场，也适用于我们的日常生活，在学习、交朋友、解决问题的过程中，都能给我们以智慧的指引。比如，"上兵伐谋"告诉我们最高明的取胜之道不是依靠武力，而是凭借智慧和策略；"攻其不备，出其不意"告诉我们抓住时机的重要性；"避实击虚"教导我们在面对困难时要善于找到突破口……

本书中的每一小节都列举了生动的历史案例，带你一起回顾历史上那些著名的战役，比如官渡之战、赤壁之战，让高深的兵法变得浅显易懂。同时结合日常生活案例，用简单易懂的语言，传递出古老而宝贵的智慧。

不要害怕提问，不要害怕探索。《孙子兵法》是一座深不可测的宝藏，每一次阅读都可能会有新发现。学习古人的智慧，是为了让我们学会如何在面对挑战时保持冷静，如何在竞争中脱颖而出，如何在困境中找到出路。每个人都有无限的潜能，愿你在阅读的过程中，不仅能学到知识，更能培养出一种思考问题的方式，智慧而勇敢地面对生活中的每一天。

目录

始计篇

思全局以谋万全…………02
静心候时，慧眼识机……06
三思而后行………………10

作战篇

行事务求爽利……………15

谋攻篇

权衡得失，审慎行事……20
知难而退，不失智慧……24
知人者智，自知者明……28

军形篇

留得青山，不怕无柴……33

兵势篇

留有余策，方得奇胜……38
安排有序，事半而功倍…42
犹豫失良机………………46

虚实篇

养精蓄锐，伺机而动……51
适时另辟蹊径……………55
擒贼先擒王………………59
胜利之径，不可复刻……63
遇事不惊，应变无穷……67

军争篇

迂回制胜，巧破千钧……72
巨细无遗，行之必果……76
同舟共济，破浪前行……80
意志坚定破万难…………84

九变篇

有所取舍，不走捷径……89
见微知著观利弊…………93
宜未雨而绸缪……………97
心性决定命运……………101

行军篇

侥幸非良策………………106
智取巧胜，不靠蛮力……110

地形篇

金无足赤，犯错须担责…115

九地篇

因时因地而制宜…………120
置之死地而后生…………124

用间篇

洞悉他人弱点……………134

火攻篇

择时而行，方显成效……129

始计篇

思全局以谋万全

兵法典著

兵者，国之大事。死生之地，存亡之道，不可不察也。

——《始计篇》

经典释读

战争是一个国家的头等大事，关系到百姓的生死，决定着国家的存亡，不可以不慎重地加以观察、分析和谋划。

历史故事

南唐的灭亡

江南素来被称为鱼米之乡。五代十国时期，江南地区有一个名叫南唐的国家，十分富有。五代十国末期，宋太祖赵匡胤占据了北方中原地区，南唐成为他统一天下的最后一块绊脚石。为此，他做了周密的部署，对南唐采取包围攻势，以便于一举拿下。然而，南唐对即将到来的危险一无所知。

南唐最后一个皇帝名叫李煜，他虽然在治国理政方面并不出色，却是一个伟大的词人，被后人称为"千古词帝"。李煜受父亲的影响，从小喜欢诗词歌赋，而对治理国家，尤其是军事事务知之甚少。因此，李煜在位期间，南唐的诗词、绘画等文化发展非常繁荣，而军事力量则非常薄弱。

公元974年，宋太祖赵匡胤在宰相赵普等一众大臣的辅佐下，精心策划了消灭南唐的战争策略。

"南唐地处富庶的江南，这次我们一定要攻破南唐，统一天下。"宋太祖对此信心满满。

他下令在长江上游建造数千艘战船，准备水陆并进，直取南唐都城金陵（今南京）。

宋太祖一面积极备战，一面派遣使者出使南唐，要李煜入朝。使者说："陛下说了，两国是友好邻邦，我们绝对不会发动战争的。"而李煜

以生病为由拒绝,宋太祖便以李煜抗命为辞发兵进攻。

然而李煜仍沉浸在自己的诗词世界中,对于宋太祖的行动不当回事。他说:"嘿嘿,赵匡胤只是虚张声势罢了,我有长江天险作为屏障,他根本过不来。来人呀,去取笔墨纸砚,我灵感来了,要作诗一首!"

因此,他没有做好充分的迎战准备。另一边,宋军兵分三路,水陆并进,很快突破了长江防线,势如破竹般逼近金陵。此时,李煜才如梦初醒,匆忙调兵遣将,但为时已晚。由于他从来不关心国家的军事建设,因此军队根本没有能够抗敌的战斗力。

当北宋的军队打到金陵城下时,南唐士兵几乎没有招架之力,很快便败下阵来。公元975年,金陵城被宋军攻破,李煜被迫投降,南唐灭亡。

兵法智慧

南唐的灭亡,与李煜认不清军事形势有着直接的关系。当北宋在边境集结兵力,对南唐构成严重军事威胁的时候,李煜并没有意识到身为皇帝的职责,依然未能有效组织起抵抗力量。当宋军兵临城下时,他只能眼睁睁地看着自己的国家走向灭亡。

这个故事告诉我们,每个人都有自己的职责和使命。对于学生来说,最重要的任务就是学习。通过学习可以不断充实自己,尽可能地了解周围的世界。只有用知识武装了自己,才能更好地去解决人生中的难题。

成语在线

势如破竹
shì rú pò zhú

出处:《晋书·杜预传》。

释义:所处的形势就像劈竹子一样,只要把上端劈开,下面自然就会顺势分开。比喻作战或工作毫无阻碍,节节胜利。

近义词:所向披靡、锐不可当、一往无前。

反义词:节节败退、望风披靡。

成语接龙:势如破竹——竹报平安——安邦定国——国富民强。

成语造句:我们团队自参加比赛以来,一路过关斩将,势如破竹,最终取得了总冠军。

静心候时，慧眼识机

兵法典著

兵者，诡道也。故能而示之不能，用而示之不用。近而示之远，远而示之近。利而诱之，乱而取之，实而备之，强而避之，怒而挠之，卑而骄之，佚而劳之，亲而离之，攻其无备，出其不意。此兵家之胜，不可先传也。

——《始计篇》

经典释读

排兵布阵，是遵循诡诈原则的。所以"能"要让敌人看成"不能"，"用"要让敌人看成"不用"。打近处要让敌人看成打远处，打远处要让敌人看成打近处。敌人贪图功利，就用利益诱惑他们。敌人陷入混乱，就抓住时机消灭他们。敌人兵力雄厚，就时时提防他们。敌人实力强大，就避开他们的锋芒。敌人气势旺盛，就想办法削弱他们的士气。敌人谦虚谨慎，就想办法让他们骄傲起来。敌人团结和睦，就挑拨他们的关系。在敌人没有防备时发起进攻，在敌人意想不到时出兵攻击。这都是军事家用兵的秘诀，是不能事先说出来的。

历史故事

勾践灭吴

春秋末年,在江南地区有两个非常强大的国家,分别是吴国和越国。两国为争夺霸权互相征伐多年。一次,吴王阖闾在作战中被越国的一名将领重伤,回到吴国之后越想越气,伤势加重去世了。临死前,吴王阖闾对儿子夫差说:"你一定要为我报仇呀!"

夫差继承王位之后,一直把父亲的话记在心里,不仅大力发展经济,还加强军队的建设。等到时机成熟的时候,双方再次大战,这一次夫差打败了勾践。勾践被迫向夫差投降,为了生存下去,他忍辱负重,给夫差当起了仆从。

勾践在吴国当仆从期间,并没有自暴自弃,他内心深处非常想一雪前耻。不过,他知道此时凭一己之力难以与强大的吴国抗衡,因此他选择了隐忍与等待,暗中寻找最佳的反击时机。就这样,勾践在吴国一待就是三年。

夫差见勾践做事谨小慎微,从不出错,觉得他一定认识到了自己的错误,

于是打算放了他。夫差的军师伍子胥苦心劝阻:"大王,千万不能放走勾践,否则后果不堪设想!"

但夫差对自己的实力非常自信,不听伍子胥的劝说,最终把勾践放回了越国。勾践返回越国后,卧薪尝胆,磨炼心性,时刻提醒自己不忘国耻,并在大臣的帮助下,暗中积蓄力量,策划着复仇大计。他励精图治,发展生产,使越国的军事实力很快就变强了。而且,勾践没有急于求成,而是耐心等待吴国内部的矛盾激化。

终于,机会来了。夫差为了扩大领地,不断与周围国家征战,民众怨声载道。勾践看准时机,果断发动了战争。他趁着夫差外出征战,乘虚而入,攻进了吴国,最终打败了夫差。

兵法智慧

勾践的成功离不开他的忍耐,也离不开他对于时机的把握。如果在夫差刚刚打败勾践的时候,勾践就起来反抗,后果只有一个,那就是越国将会惨遭灭国。后来勾践并没有急于求成,而是耐心等待一个最好的机会。

这个故事告诉我们,耐心与等待是多么重要。我们需要厚积薄发,潜心积累自己的知识并培养能力。想象一下,如果你参与一场竞赛,一开始没有赢,你接下来会怎么做?是立刻放弃,还是学习新的策略再试一次呢?只要你不气馁，保持足够的耐心，不断充实自己，提升自己，未来的某一天，你也有机会取得成功！

成语在线

wò xīn cháng dǎn
卧 薪 尝 胆

出处：《史记·越王勾践世家》。

释义：在柴草上睡觉，吃饭前要先尝一尝苦胆。形容人发愤图强，勤奋刻苦。

近义词：枕戈待旦、励精图治、忍辱负重。

反义词：乐不思蜀、妄自菲薄。

成语接龙：卧薪尝胆——胆战心惊——惊心动魄——魄散魂飞。

成语造句：无论何时，我们都要发扬古人卧薪尝胆、自强不息的精神。

三思而后行

兵法典著

夫未战而庙算胜者,得算多也。未战而庙算不胜者,得算少也。多算胜,少算不胜,而况于无算乎!

——《始计篇》

经典释读

开战之前,在军帐中就预计自己会取得胜利的,是因为具备的制胜的条件多。在军帐中就认为自己不会得胜的,是因为所拥有的制胜的条件少。制胜的条件多就能胜利,制胜的条件少就不能取胜,何况不具备制胜的条件呢?

历史故事

李牧大破匈奴

战国时期，各国之间兼并战争不断，最终形成七国并立的局面。由于赵国北部与匈奴接壤，因此经常遭受对方的侵略。李牧是战国末年赵国的大将军，足智多谋，骁勇善战。为此，赵国君王派遣李牧驻守在代郡（今河北蔚县）和雁门郡（今山西右玉县）一带，带兵抵御匈奴的入侵。

匈奴士兵善于骑马，所以他们总是来无影去无踪。李牧到了北部边疆之后，严格训练军队，加强边塞的军事防御，并修建了大量的烽火台，以及时传递情报。

有了这些准备之后，李牧心想：不能总是这样等着，得想办法了解一下敌人的动向。于是李牧派遣间谍深入匈奴腹地，打探情报。

赵国士兵和匈奴士兵的作战能力是有所区别的，战争一旦打响，士兵的士气尤为重要。李牧经过思索后，下令提高士兵的伙食待遇，改善士兵的生活条件。士兵们对李牧变得死心塌地，军队的士气也大有提升。

"匈奴的骑兵十分厉害,我的士兵很难与之抗衡。看来,得想办法让匈奴轻敌,这样我们就能发动突然袭击。"李牧认真分析了敌我差距,随后下令军中每天杀鸡宰羊,吃喝玩乐。

匈奴派来的间谍立即把李牧大军的情况汇报给匈奴首领,首领十分得意:"哈哈哈,看来赵国的士兵只知道享乐,毫无战斗力。来人呀,传我命令,进攻!"很快,匈奴大军冲到了代郡。李牧手下的将领们都慌了,李牧却镇定自若地说:"别担心,我早就谋划好了。先锋部队和匈奴交战之后,立即丢下辎重,转身逃跑,务必要把敌人引到包围圈中,进而一起全歼匈奴。"

果不其然,匈奴军队上当了。李牧的先锋部队丢掉武器逃跑时,匈奴士兵以为自己获胜了,便立即追击,没想到掉进了李牧设下的陷阱。刹那间,赵国由骑兵、战车、步兵和弓手组成的近20万人的联合军团把匈奴军队团团包围。

匈奴军队哪见过这种架势,没多久就被打败。

兵法智慧

俗话说"三思而后行"。李牧战匈奴,就像是一场精彩的棋局,每一步都经过了精心布局。行动前,李牧仔细分析战况,认真思考每一种可能发生的情况,做好充分的准备并配合相应的作战计划,才最终赢得胜利。

生活中,我们常常也会遇到需要精心考虑、提前做计划的情况。比如,班级活动的举办并不是一件简单的事，活动的时间、主题、流程……很多事项需要提前做好安排、做好计划，才能做到有条不紊，最终成功举办！

成语在线

兵不厌诈

出处：《韩非子·难一》。

释义：指在作战时，可以用伪诈欺骗的方式迷惑敌人。

近义词：兵不厌权、不宣而战、兵行诡道。

反义词：先礼后兵、堂堂正正。

成语接龙：兵不厌诈——诈败佯输——输攻墨守——守株待兔。

成语造句：在古代的战场上，智勇双全的将领深知兵不厌诈的道理，常常布置假阵迷惑敌人。

作战篇

行事务求爽利

兵法典著

故兵贵胜,不贵久。

——《作战篇》

经典释读

所以用兵作战贵在速战速胜,而不是时间持久。

历史故事

兵贵神速

东汉末年，袁绍和曹操为争夺北方中原的控制权，在官渡展开大战。曹操打败了袁绍，袁绍的两个儿子袁尚和袁熙逃往辽河流域，投奔了乌丸族首领蹋顿单于。单于经常带兵在边境骚扰，烧杀抢掠，边境的老百姓深受其害，苦不堪言。作为丞相的曹操决定征讨乌丸族，顺便彻底扫除袁氏家族的残余势力。

于是，曹操召集手下的将领，召开军事会议共同商讨计策。曹操说："我想要征讨乌丸族，但荆州的刘表可能会派刘备发动突袭。另外，乌丸族位置偏远，战线恐怕会拉得很长。你们有什么计策呀？"

将领们你看看我，我看看你，都没有好主意。这时郭嘉站出来说："丞相，刘表徒有其名，他担心刘备超过他，所以断然不会重用刘备。此外，乌丸族确实偏远，但正因如此，他们才不会提防我们，这是进行突袭的绝佳时机。"

曹操听了郭嘉的分析,觉得十分有道理,于是集结兵力,率军出征乌丸族。曹操兵马众多,行进非常缓慢,差不多一个月了还没有走出易县。这时郭嘉经过一番思考,认为再这样下去,会错过进攻的时机,于是对曹操说:"丞相,行军打仗,最重要的就是速度和时机。如果我们继续这样走下去,一旦被乌丸族的探子发现,那么等我们到达的时候,他们肯定早就有所防备了。不如丢下辎重,轻装上阵,打他们个措手不及。"

曹操听从了郭嘉的建议,很快便率精兵到达乌丸族领地。乌丸族见军队到来,仓皇迎战,结果被打得一败涂地。

征伐乌丸族不仅消灭了袁氏家族在北方的残余势力,也为曹操统一北方奠定了基础。

兵法智慧

曹操能够战胜乌丸族,不仅是依靠他的聪明才智,还多亏了郭嘉提出的"兵贵神速"这个金点子。如果乌丸族提前知道了曹操的行动,他们可能会在路上设下陷阱,打曹操的军队一个措手不及。

"兵贵神速"告诉我们,做事要迅速高效。不管是在学习上还是生活中,我们一旦定下了目标,就要迅速投入状态,全力以赴地去完成。比如,写作业要合理安排时间,快速而专注地完成,不要磨蹭,这样才能有更多的时间去做其他有趣的事情。

成语在线

bīng　guì　shén　sù
兵 贵 神 速

出处：《三国志·魏书·郭嘉传》。

释义：作战时，以用兵速度迅速为可贵。

近义词：速战速决、事不宜迟、当机立断。

反义词：犹豫不决、拖泥带水。

成语接龙：兵贵神速——速战速决——决一死战——战无不胜。

成语造句：兵贵神速，为避免贻误战机，我们立即出发！

谋攻篇

权衡得失，审慎行事

兵法典著

故上兵伐谋，其次伐交，其次伐兵，其下攻城。

——《谋攻篇》

经典释读

最好的用兵策略是以谋略取胜，其次是用外交的方式取胜，再次是出兵在交战中胜敌，最差的是攻打敌人的城池。

历史故事

烛之武退秦

春秋时期,郑国君主郑文公对晋国君主晋文公无礼,惹恼了对方。于是,晋文公就联合秦国的君主秦穆公包围了郑国,准备给郑文公一个教训。

郑文公得到这个消息,吓得六神无主:"哎呀,怎么办呀,我们打不过晋国和秦国呀!"

这时,大臣佚之狐站出来对他说:"陛下,烛之武很厉害。如果派他去见秦君,说不定能让秦君放弃攻打我们。"

郑文公采纳了佚之狐的建议,立即召见烛之武,命他出使秦国。然而,烛之武却推辞说:"陛下,我年轻的时候就比别人差。现在年纪大了,更是没什么能力呀。"

郑文公赶紧向烛之武赔罪:"哎呀,我知道您很有才能,没能早点儿重用您是我的错。但是现在郑国处于危难之际,您一定要帮我呀。"

烛之武最终答应出使秦国。到了晚上，他顺着绳子悄悄离开郑国都城，来到秦军大营拜见秦穆公。烛之武开门见山地说："秦国和晋国是邻居，但离郑国很远。哪怕秦国攻打下了郑国，也还要越过中间很多国家在这里设置边邑，不仅消耗军力，管理还很麻烦，这反而会削弱自己的实力，让晋国强大起来。如果您不消灭郑国，而把我们当成朋友，以后只要是秦军路过郑国，我们都会好酒好肉招待，这样对您不是只有好处没有坏处吗？"

秦穆公听了，觉得烛之武说得很有道理。烛之武又紧接着说："晋国获得了郑国的土地，实力变强大了，就会进一步侵略秦国。您现在攻打郑国，就是在损害秦国的利益，而让晋国得利呀！"

秦穆公恍然大悟，拉着烛之武说："你说得对，我决定不攻打郑国了，我们结盟吧！"随后，秦穆公派遣使者来到郑国，两国正式结盟。

晋文公见秦穆公无心攻打郑国，知道依靠自己的力量不能对抗郑国，于是也带军撤离了。

兵法智慧

烛之武依靠自己的口才就能击退秦穆公的军队，关键在于他巧妙地向秦穆公阐明了秦国攻打郑国需要付出的代价。秦穆公在了解付出的代价和收获的土地并不能成正比后，果断放弃了进攻。

这个故事告诉我们，无论做什么事情，都要考虑清楚付出的代价。比如当我们不想写作业而想玩电子游戏时，一定要清楚代价是什么。玩游戏不仅浪费时间，还会损害视力。选择玩游戏只是图一时的痛快，所付出的代价却是惨痛的。

　　因此，付出行动之前，要谨慎地思考。如果付出的代价与结果成正比，当然没问题。如果代价很大而收获很小，那就应该果断舍弃。

成语在线

不战而胜 （bù zhàn ér shèng）

出处：《孙子兵法·谋攻》。

释义：不经过交战就能取得胜利。

近义词：兵不血刃、旗开得胜、决胜千里。

反义词：浴血奋战、流血漂橹。

成语接龙：不战而胜——胜之不武——舞文弄墨——墨守成规。

成语造句：在班级的辩论赛中，小红展现出了非凡的辩论技巧和一定的逻辑思维能力，她以一种令人钦佩的方式不战而胜，赢得了对手的尊重和认可。

知难而退，不失智慧

兵法典著

敌则能战之，少则能逃之。不若则能避之。故小敌之坚，大敌之擒也。

——《谋攻篇》

经典释读

与敌人势均力敌时，就得想办法战胜敌人；兵力比敌人少时，就要想办法撤退摆脱。如果各方面条件都不如敌人，就要避免作战。所以，弱小的军队如果一直硬拼，那就只能成为强大敌人的俘虏了。

历史故事

李陵孤军入匈奴

西汉时期,有一位绰号"飞将军"的名将叫李广。李广的孙子李陵也是一位名将,在对抗匈奴的过程中,为汉朝立下了汗马功劳。

有一年,匈奴又来侵犯汉朝边境。李陵主动向汉武帝说:"陛下,派我去击杀匈奴吧!只需要五千步兵,我就能打败他们。"

听李陵这么说,汉武帝不禁有些怀疑,毕竟匈奴实力很强,只要五千人怎么能打得过呢?李陵再三请求,汉武帝见他似乎很有把握,于是就答应了。随后,李陵真的带着五千步兵向匈奴出击。然而,李陵和他的军队中了埋伏,被三万多匈奴骑兵团团包围。

面对兵力强大的匈奴，李陵非但没有害怕，反而鼓励将士们："大家别怕，跟着我冲呀！"

虽然李陵带领军队奋勇杀敌，但由于人数上的巨大差距，最终五千步兵损失殆尽，李陵也成了匈奴的俘虏。

李陵因盲目自信、认不清局势，导致兵败被俘。这个故事告诉我们，做事情需要审时度势，不可盲目逞强，应依据实际情况制订合理策略，知进退，明得失，否则可能造成惨痛的后果。

兵法智慧

在面对困境或艰难选择时，认输有时并不一定是坏事，这也是一种智慧或一种策略，可以让我们避免不必要的损失，为未来的成功积累力量。

比如，在学校里，如果你发现同学在某方面比你优秀，不要觉得丢脸或者沮丧，大大方方地承认自己的不足。重要的是，你要从这次"认输"中吸取教训，努力学习，查漏补缺，发挥自己的长处，弥补自己的不足。只要你不放弃，不断进步，总有一天会成为更好的自己。

成语在线

néng shēn néng qū

能 伸 能 屈

出处：《荀子·不苟》。

释义：指人在得志时能有所作为，在失意时也能暂时忍耐。形容人无论环境好坏都能适应。

近义词：随遇而安、通权达变、顺时而动。

反义词：宁折不弯、一意孤行。

成语接龙：能伸能屈——屈指可数——数往知来——来来往往。

成语造句：大丈夫能伸能屈，这点儿困难不可能把我打倒。

知人者智,自知者明

兵法典著

故曰:知彼知己,百战不殆;不知彼而知己,一胜一负;不知彼,不知己,每战必殆。

——《谋攻篇》

经典释读

所以说,对自己的情况和敌人的情况都清楚了解的,能百战百胜;不了解敌人的情况而只了解自己的情况的,胜负概率各一半;不了解敌人的情况,也不了解自己的情况的,逢战必败。

历史故事

长平之战

公元前260年,秦、赵两国为了争夺上党地区而爆发了大规模的战争,其中长平之战持续了五个月。

秦昭王派出大将王龁向赵国发动进攻,赵孝成王连忙让廉颇组织迎战。廉颇号称战国四大名将之一,久经沙场。他经过仔细分析,认为赵国不是秦国的对手,于是故意躲在城池之内不肯应战。与此同时,廉颇带领将士加固城池,筑起高墙,并下令全军不得出战。

王龁攻打了好几次,都没办法攻破城池,一时间竟拿赵军没有办法。秦昭王可急坏了,如果不能速战速决,秦军一定会被拖垮的,他心想:哎呀,必须得想个办法拿下廉颇才行呀!既然硬的不行,那就来软的。

秦昭王非常了解自己的对手,知道急于求成的赵孝成王对于廉颇这种打持久战的做法很不赞同。于是秦昭王以此为突破点,听从了范雎的建议,派人到赵国散播消息,说秦军最害怕的是赵括,根本不怕廉颇将军。果然,赵孝成王上当了。他没有认真分析敌我态势,认为廉颇加固城池,龟缩不出,是怯战的表现。一气之下就把廉颇换了下来,任命赵括为将军。

赵孝成王根本不了解赵括,即便赵括的母亲都说赵括不是领兵打仗的材料,他也不听劝。于是,赵括就这样被派去带兵出战了。赵括和赵孝成王一样,面对瞬息万变的战场,他不知变通,完全不了解敌人的部署。秦昭王得知赵国换成赵括领军后,立即把王龁换下,任命白起为将军。而赵括对此一无所知。

两军再次交战,白起略施小计,佯装败退,吸引赵括追击。赵括未能识别计谋,误以为秦军战败了,于是下令全军追击,没想到中了白起的埋伏,四十万赵军全军覆没。自此,赵国军力急转直下,元气大伤。而长平之战也是战国历史的最后转折,加速了秦国统一中国的进程。

兵法智慧

长平之战赵国战败,赵括"纸上谈兵"只是直接原因,根源在于赵国自上而下,既没有认真审视本国实力,也没有好好分析敌人的部署。反观秦国,对赵国的一举一动都了如指掌。

对小学生来说,"知己"就是要了解自己的优缺点,明确自己的兴趣和擅长的领域,在学习和生活中发挥自己的优势。而"知彼"就是要了解他人,学习同学的优点,弥补自己的不足,让自己不断成长。

成语在线

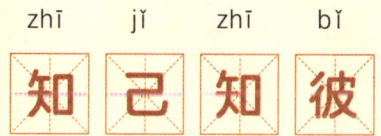

知己知彼 (zhī jǐ zhī bǐ)

出处:《孙子兵法·谋攻》。

释义:最初指对自己和对方的情况都了解清楚,就可以战无不胜。现在泛指对双方情况都很了解。

近义词:了如指掌、了然于胸、自知之明。

反义词:心中无数、一知半解。

成语接龙:知己知彼——彼竭我盈——盈满之咎——咎由自取。

成语造句:小花在参加演讲比赛前,不仅认真准备了自己的演讲稿,还了解了其他参赛者的演讲主题。她认为知己知彼,才能百战不殆。

军形篇

留得青山，不怕无柴

兵法典著

孙子曰：昔之善战者，先为不可胜，以待敌之可胜。不可胜在己，可胜在敌。故善战者，能为不可胜，不能使敌之可胜。故曰：胜可知，而不可为。

——《军形篇》

经典释读

孙武说：以往擅长指挥作战的人，都是先让自己的队伍强大到不可战胜，再等待可能战胜敌人的时机。不能被战胜，在于自己的强大实力；能战胜敌人，在于敌人出现破绽。因此，擅长指挥作战的人，能做到让自己不被战胜，也不会出现让敌人可胜的破绽。所以说，胜利是能够预测的，但不能够强求。

历史故事

刘邦还定三秦

秦朝末年,陈胜、吴广发起了农民起义,刘邦和项羽也起兵响应。一开始,两人都在楚怀王麾下一起对抗秦军。后来,刘邦率先攻进秦国首都咸阳,项羽晚了一步,于是对刘邦产生了嫉妒和怨恨的情绪。项羽的谋士范增建议他杀掉刘邦,于是项羽设下了鸿门宴,可惜刘邦逃掉了。

随着项羽的军事实力越来越强,他自封为西楚霸王,并论功行赏,将自己的亲信和功臣分封为十八个诸侯。这些诸侯各自获得了一块肥沃的土地和一座繁华的城池。而刘邦被封到了巴蜀、汉中地区。

"哼,把你放在巴蜀,看你还有什么手段跟我斗!"

巴蜀、汉中资源十分贫瘠,项羽的目的很简单,那就是困住刘邦,阻止他变得更强大。

为了确保万无一失，项羽还把关中地区分成三部分，分别封秦将章邯、司马欣、董翳三人为雍王、塞王、翟王（合称"三秦"）。三人的封地正好把刘邦包围起来，如此一来便把刘邦围困在封地，使他没办法威胁项羽。

刘邦也看出了项羽的目的，知道他一直把自己当成眼中钉。刘邦心想：哼，项羽一心想要置我于死地，我得想办法让他安心。毕竟只要我保存实力，就不怕没机会东山再起。

可是怎么能让项羽安心呢？刘邦回到封地之后，命人将出入这里的唯一通道——栈道烧毁。此举就是告诉项羽：我永远也不会离开这里的，你放心好啦。

果不其然，项羽见刘邦烧毁栈道，就放下心来，班师回城。

项羽刚离开不久，刘邦就开始积极准备反击。他采纳了韩信等人的建议，偷袭关中地区，迅速打败了章邯、司马欣、董翳三人，占领了他们的封地，并以此为根据地，展开了与项羽争夺天下的楚汉之争。最终，刘邦打败了项羽，建立了汉王朝。

兵法智慧

刘邦被封在巴蜀和汉中，表面上看是被项羽打败了，但刘邦没有因为一时的失败而气馁，反而努力保存实力，寻找反击的机会。

这个故事告诉我们，无论是学习还是生活，都要给自己设定长远的目标。无论遇到什么困难，都不能轻易放弃。比如，有的小朋友喜欢下围棋，去参加比赛，想要取得冠军，结果却输了。这时不能气馁，因为一时的输赢不算什么，只要相信自己的实力，并且加强练习，持续进步，终有一天能够获得优异成绩。

成语在线

qiè ér bù shě
锲而不舍

出处：《荀子·劝学》。

释义：锲是雕刻的意思，指不断地雕刻下去而不停止。比喻有恒心、有毅力，不达目的决不放弃。

近义词：矢志不渝、坚持不懈、坚持到底。

反义词：半途而废、有始无终。

成语接龙：锲而不舍——舍生忘死——死灰复燃——燃眉之急。

成语造句：面对难题，要充分发挥锲而不舍的精神，而不是自暴自弃。

兵势篇

留有余策,方得奇胜

兵法典著

凡战者,以正合,以奇胜。故善出奇者,无穷如天地,不竭如江河。终而复始,日月是也。死而复生,四时是也。

——《兵势篇》

经典释读

凡是作战,都是通过正面交锋,以奇兵取胜的。所以善于出奇制胜的将领,他的作战方法像天地运行那样变幻无穷,像江河那样奔流不息。周而复始,像日月运行;死而复生,像四季更替。

历史故事

韩信破赵之战

公元前204年,韩信率领三万汉军攻打赵国。赵王派遣成安君陈馀率领二十万大军在井陉口阻击韩信。井陉口十分狭窄,赵军堵住这里,居高临下,无论是地形条件还是兵力数量,都很有优势。

陈馀手下有一位名叫李左车的谋士,他认真分析了当下的战场局势,对陈馀说:"将军,韩信刚刚打败魏豹、夏说,军队士气正盛,我们应该避其锋芒。况且,汉军深入赵国,补给跟不上。如果给我三万兵马,从小道绕到汉军背后,切断其粮道,您带兵堵住井陉口,高筑城墙,不出十天,一定能消灭汉军。"

然而,陈馀没有采纳李左车的建议,还义愤填膺地说:"韩信带兵侵犯赵国,我讨伐乃正义之举。义军怎么能用你这种偷袭的奇兵之术呢?再说,韩信千里跋涉而来,士兵疲惫,根本不是我们的对手。"

而韩信自知汉军人数少,粮草补给困难,想要打败陈馀,就必须出奇兵。于是他为这次决战留了两个后手——两支奇兵。

韩信把三万兵马分成三部分:两千奇兵从小路迂回到赵军大营侧面的山里埋伏,准备偷袭赵军大营,切断后路;一万士兵越过井陉口,背对河水列阵,让赵军轻敌；最后剩下一支队伍留给自己，天亮之后，亲自带兵冲击赵军。

陈馀认为韩信这样排兵布阵简直就是胡闹，他大笑着说："哈哈哈，行军打仗，要背靠大山，面朝大河，韩信却背水而战，简直是疯了。"

陈馀自信满满地派出大军对抗韩信，韩信佯装失败，转身跑向河边。此时，背水一战的汉军看到前面赵军冲来，而身后是河，没有退路，只能全力进攻，竟然把赵军打得落花流水。

与此同时，埋伏在赵军大营侧面的两千奇兵突然杀出，赵军顿时阵脚大乱。韩信指挥汉军发起全线进攻，最终赵军被全歼，陈馀战死，赵王也被俘虏了。

兵法智慧

破赵之战，韩信以三万兵力打败赵国二十万人，创造以少胜多的奇迹，关键在于韩信带兵始终有正有奇。正，可以理解为正面兵力；奇，则代表了暗中的部署。所谓暗中部署，其实就是留后手，以应万变。

这个故事告诉我们，无论是生活还是学习，都要给自己留有余地。比如，设定一周学习计划表时，不要把每天的日程安排得过满，要留出一些时间来处理意外事件，或者用于休息和娱乐，以保持身心健康。同样，到了周末，也不能把所有的时间都用来娱乐，要留出时间充实自己，这样才能保持进步。

成语在线

背水一战（bèi shuǐ yī zhàn）

出处：《史记·淮阴侯列传》。

释义：指在绝境中做最后的努力。

近义词：破釜沉舟、决一死战、济河焚舟。

反义词：临阵逃脱、瞻前顾后。

成语接龙：背水一战——战战兢兢——兢兢业业——业精于勤。

成语造句：小明报名参加了长跑比赛，虽然他不是跑得最快的，但他决定背水一战，用尽全力去跑。

安排有序，事半而功倍

兵法典著

孙子曰：凡治众如治寡，分数是也；斗众如斗寡，形名是也。

——《兵势篇》

经典释读

孙武说：管理人数多的部队和管理人数少的部队是一样的，要靠组织得当。指挥大规模战争和小规模战争是一样的，靠的是指挥号令的有力贯彻。

历史故事

戚继光抗倭

戚继光是明朝著名的抗倭将领，他训练的戚家军是一支勇猛无敌的军队，每次都把倭寇打得落花流水。戚继光有一套自己的训兵方法，从招募新兵开始就做好了安排。

戚继光招兵时不选用市井油滑的人，只用乡村敦厚老实的人。为人老实还不行，还要胆子大，只有胆子大的人才能在战场上勇猛拼杀，克敌制胜。在选兵上，戚继光认为有三类人绝对不能用：居住在城中的人不用，曾经在战斗中失败的人不用，服从官府的人也不用。他按照这个标准严格挑选新兵，招募了戚家军的原始班底。

戚继光对战倭寇战无不胜，还要归功于他对军队的部署。比如，戚继光按照这样的建制分配军队：二十人为一队，每个队设一名队长；四个队为一哨，服从哨长管

辖；四个哨为一官，长官为哨官；四个官为一总，长官为把总。而戚继光则直接管理把总。如此一层一层地把军队分成了很多小的部分，作战时，戚继光能轻松地知道每个人的动向，便于按照策略指挥军士作战。

在浙闽一带抗击倭寇时，戚继光发现这里有很多山陵沼泽，道路崎岖，军队很难展开阵形与倭寇对战。为了解决这个难题，戚继光创造了一种名为"鸳鸯阵"的作战队形。"鸳鸯阵"以十二人为一个基本作战小队，队长在最前面。之后两个盾牌手手拿长牌和藤牌，长牌能挡住倭寇的重箭、长枪，藤牌则专

门对付敌人的腰刀。再往后是狼筅手，利用狼筅前端的尖刺击杀敌人。接着有四名长枪手，可以掩护盾牌手和狼筅手。最后就是使用短刀的短兵手和伙食兵。

"鸳鸯阵"这种独特的阵法，把长兵器、短兵器、防护盾牌等全都集中到一起，每一个小队都是一辆行走的"战车"，倭寇拿它根本没有办法。

凭借戚家军和独特的"鸳鸯阵"，戚继光很快就扫清了浙闽和两广地区的倭寇，保全了明朝的海疆。

兵法智慧

在戚继光之前有很多抗倭将领，他们都没能扫清倭寇。戚继光之所以能够脱颖而出，不仅因为他拥有出众的战斗力和卓越的指挥能力，更在于他对军队的精心部署。通过巧妙的安排，使每一个士兵的才能都得到充分发挥，这才是戚家军战无不胜的法宝。

这个故事告诉我们，无论是学习还是生活，只有条理清晰地做好规划，才能事半功倍。比如，做卧室大扫除时，收拾玩具、擦桌子、扫地……这些事情哪一个先做、哪一个后做，只有合理安排，才能又快又好地完成。

成语在线

yòng bīng rú shén
用 兵 如 神

出处：《吴书》。

释义：形容非常擅长指挥军队作战。

近义词：运筹帷幄、决胜千里、神机妙算。

反义词：纸上谈兵、束手无策。

成语接龙：用兵如神——神清气爽——爽心悦目——目瞪口呆。

成语造句：诸葛亮用兵如神，让敌人闻风丧胆。

犹豫失良机

兵法典著

激水之疾,至于漂石者,势也;鸷鸟之疾,至于毁折者,节也。是故善战者,其势险,其节短。势如彍弩,节如发机。

——《兵势篇》

经典释读

湍急的河水疾速奔流,以至于能够激起石头,这是因为水势浩大,冲击力强;凶猛的飞鸟迅猛翱翔,以至于能够捕猎到鸟兽,这是因为把握好了节奏时机。所以善于指挥作战的人在作战时能够积蓄力量,气势如同张开的弓,也能够把握好时机,如同触发机关一般,瞬间发射。

历史故事

鸿门宴

秦朝末年，刘邦带领义军率先攻进咸阳城，拿下函谷关。项羽到函谷关时，被告知不允许进城。项羽大怒："刘邦太狂妄了，难道忘了谁才是大将军吗？"

项羽愤怒地带兵离开，然后在鸿门驻扎下来。刘邦手下有一个掌管军政的人叫曹无伤，他不喜欢刘邦，就偷偷派人告知项羽，说刘邦想在关中称王。项羽一听，更生气了。项羽身边有个谋士叫范增，是项羽的亚父，很了解刘邦，知道他不是普通人，便对项羽说："刘邦这人不简单，一定要趁此机会除掉他。"

于是，项羽下令："全军将士，吃好喝好，明天跟我一起攻打刘邦。"

项羽的叔父项伯和刘邦的军师张良是好朋友，项伯偷偷向张良报信，让他赶紧跑。张良就把这事告诉了刘邦。此时，刘邦只有十万兵力，而项羽有四十万，兵力相差悬殊。为了保全自己，刘邦决定第二天去鸿门请罪。

第二天一大早，刘邦带着一百多人来到鸿门。项羽听从范增的建议，布置了重兵，打算杀掉刘邦。宴会之上，刘邦痛哭流涕，说："将军，我关闭函谷关，是为了防止别人进来抢夺财宝。我一直在等你来呀！"

项羽听信了刘邦的话，把范增的警告抛之脑后，迟迟下不了决心杀刘邦。范增只得找来项庄，假装舞剑助兴，实则寻找机会除掉刘邦。项伯看出了范增的诡计，于是主动和项庄一起舞剑，每当项庄准备刺杀刘邦时，项伯就阻挡下来。

最后，刘邦在张良的巧妙安排下成功离开鸿门，回到关中。鸿门宴之后，刘邦和项羽关系破裂，为后来的楚汉之争埋下了伏笔。

兵法智慧

楚汉之争的结局是项羽自刎于乌江，刘邦最终获胜并建立了汉朝。项羽的失败，在鸿门宴时已经出现苗头。宴席上，范增多次暗示他铲除刘邦，项羽都因为犹豫而错失了机会。假如项羽果断一些，杀掉刘邦，也许成就帝业的就是他。

从这个故事中，我们可以看到，做事情一定要果断坚决，不能犹豫，犹豫只会让机会从身边溜走。

比如，你在班级中想竞选班长，又担心同学们不支持你，就犹豫着一直没报名。等到你想好的时候，却发现竞选名额已经满了。假如你果断一些，抓住机会，不管结果怎么样，努力拼一把，也许就有机会当上班长。

成语在线

jī bù kě shī
机 不 可 失

出处：《宋书·范晔传》。

释义：好的机会不要错过，错过后就不会再有了。

近义词：不失时机、时不我待、趁热打铁。

反义词：错失良机、失之交臂。

成语接龙：机不可失——失道寡助——助人为乐——乐见其成。

成语造句：面对这次难得的机会，他深知机不可失，果断出手，果然获得了丰厚的回报。

虚实篇

养精蓄锐,伺机而动

兵法典著

孙子曰:凡先处战地而待敌者佚,后处战地而趋战者劳。

——《虚实篇》

经典释读

孙武说:凡是先到达战场而等待敌人到来的,就会沉稳、安逸;来奔赴应战,后到达战场的,就会疲惫、劳顿。

历史故事

桂陵之战

公元前354年，赵国派兵进攻卫国，夺取了大片土地和城池。魏国是卫国的盟国，盟友被欺负，魏国怎能坐视不管。于是魏王任命庞涓为将军，带兵包围了赵国首都邯郸。赵国和魏国交战了很久，魏国太强大了，赵王只能向齐国求助。

齐威王召集大臣商量对策。这时，邹忌站出来说："大王，魏国实力强大，我们没必要招惹他们。"而段干朋则坚持去救援："大王，我们应该营救赵国，只要兵分两路，一路向南攻打襄陵，牵制魏军，待魏军攻破邯郸后救援赵国，这样便能同时削弱两国实力。"

齐威王觉得段干朋说得有道理，于是任命田忌为将军，孙膑为军师，出兵营救赵国。

这时，魏国的主力部队已经攻破了赵国首都。随后庞涓率领八万魏军进攻卫国，士气不可阻挡。田忌和孙膑带军到达齐国和魏国交界处时，田忌说："我们应该加快速度，尽快赶到邯郸，与庞涓一决胜负。"结果被孙膑阻止，他说："不行，我们距离邯郸还很远，大军长途跋涉过去，士兵疲惫，而魏军士气正盛，我们很难打赢。"

田忌觉得孙膑说得有道理，问应该怎么办。孙膑接着说："我们距离魏国首都大梁不远，庞涓带着魏国主力围攻邯郸，都

城内都是老弱病残,防务空虚。不如我们围攻大梁,庞涓一定会带兵回援,邯郸之围自然可解。而我们埋伏在半路,以逸待劳,定能重创庞涓。"

"妙啊!就按你说的办。"在孙膑的建议下,田忌派出士兵攻击魏国都城大梁。

庞涓在邯郸得到消息后大惊失色:"快,全军火速撤退,救援大梁!"

庞涓在带兵回魏国的路上,遭遇了孙膑的伏击。孙膑让少数士兵与庞涓交战,并佯装失败撤退。庞涓为了加快速度追击,丢掉辎重和粮草。等追到桂陵时,进入了孙膑的埋伏圈。此时魏军长途奔袭,早已疲惫不堪,突然遭遇齐军围攻,顿时溃散。庞涓也被孙膑抓住了。

兵法智慧

庞涓在桂陵之战中犯了很多严重的错误。除了轻敌冒进,没有看穿孙膑的计谋,还令将士长途奔袭,没有给士兵休息调整的机会,导致士兵体力不支,战斗力削弱,最终被孙膑重创。

在日常生活中,我们要学会以逸待劳,养精蓄锐,做好充分准备,才能应对任何情况。比如,考试不要踩着点到考场,要提前到达,提前熟悉环境,留出足够的时间来调整状态和平复心情。假如考试前几分钟才到达,心情没有平复就急忙做题,很容易出错,最终导致成绩不理想。

成语在线

yǐ yì dài láo

以 逸 待 劳

出处：《孙子·军争》。

释义：指从容休养，待敌军疲惫时出战，从而战胜敌人。

近义词：养精蓄锐、一张一弛、按兵不动。

反义词：疲于奔命、疲于应付。

成语接龙：以逸待劳——劳苦功高——高山流水——水到渠成。

成语造句：在学校的足球比赛中，我们的队伍采取了以逸待劳的战术，上半场保存实力，下半场全面发力，最终赢得了比赛。

适时另辟蹊径

兵法典著

出其所不趋,趋其所不意。

——《虚实篇》

经典释读

在敌人无法救援的地方出击,在敌人意想不到的时候进攻。

历史故事

声东击西

秦末,刘邦和项羽为争夺天下进行了楚汉之争。刘邦曾经多次率军攻打项羽的都城彭城,都被打得落荒而逃。很多原本归顺刘邦的诸侯见他实力太弱,纷纷转而投靠了项羽。魏豹就是其中之一。

魏豹在刘邦兵败之后,带着自己的队伍回到封地河南,封锁了黄河,切断刘邦大军的退路,然后以此为投名状去跟项羽讲和。刘邦听说魏豹投降了,气得火冒三丈。

"可恶呀,前面有项羽大军,背后又被魏豹切断后路,腹背受敌,如何是好呀!"刘邦很是发愁。他刚刚战败,实力大损,要讨伐魏豹就会损失更多兵力。再三思考后,刘邦派人打算说服对方。

可是魏豹不吃这一套,坚决要投靠项羽。刘邦见他决心已定,立即让韩信出兵征讨。魏豹仗着黄河天险,也不惧怕韩信,当下任命柏直为将军,严守蒲坂一带,阻止汉军渡过黄河。

韩信带兵到了蒲坂之后,发现这里防守严密,若要硬攻很难取胜。经过一番思考,韩信发现夏阳河口敌方的兵力薄弱。

他心想:得想个办法吸引柏直的注意力,然后我军趁机从夏阳河口过河。

于是,韩信抽出少量兵马驻扎在蒲坂,每天都进行大规模训练,搞得声势非常浩大。柏直见了果然中计,

心想：哼，看来韩信真的想从这里渡河，真是痴心妄想呀！

他立即把这个消息告诉了魏豹。魏豹信心满满地说："都说韩信很厉害，我看也不过如此。柏直，你给我守好了，绝对不允许汉军过河。"

韩信见柏直上当，立即偷偷调兵，把主要兵力转移到了夏阳河口附近，下令让士兵砍树，做成木筏，然后悄悄过了河。汉军刚一上岸，就向魏豹的大营发起了进攻，把魏军打得丢盔弃甲。魏豹还没明白是怎么回事儿，就被韩信活捉了。

兵法智慧

韩信在这场战斗中处于绝对的劣势，却能够取得胜利，是因为他在危急关头使用了声东击西的战术：假装攻打蒲坂，用声势浩大的练兵架势迷惑柏直，再把主要兵力集中到夏阳河口，最终出其不意地击败了对手。

这个故事告诉我们，遇到困难不要退缩，要学会打破固有思维，利用创造性思维去思考问题、解决问题。比如，为了提高学习效率，很多人使劲儿读书、背书，效果却不是很理想。但有些同学通过科学小实验、趣味小游戏等方式学习，不仅轻松有趣，而且效率高、记得牢。这就是创造性思维。

成语在线

shēng dōng jī xī
声 东 击 西

出处：《淮南子·兵略训》。

释义：声称攻击东部，实际攻击西部，以迷惑敌人，给其出其不意的攻击。

近义词：围魏救赵、暗度陈仓、避实就虚。

反义词：无的放矢、按兵不动。

成语接龙：声东击西——西窗剪烛——烛照数计——计上心来。

成语造句：游击队声东击西，成功转移了敌人的注意力。

擒贼先擒王

兵法典著

故我欲战,敌虽高垒深沟,不得不与我战者,攻其所必救也。

——《虚实篇》

经典释读

所以,如果我想与敌人交战,即使敌人在高垒深沟之中固守,也不得不与我交战,因为我攻击的是敌人必须救援的地方。

历史故事

张巡守睢阳

唐玄宗时期,安禄山、史思明发动叛乱。安禄山之子安庆绪命令自己的大将尹子奇率领十万大军攻击睢阳。此时,睢阳的守将是御史中丞张巡。面对尹子奇的大军,张巡一点儿也不怕。他精密部署,安排士兵严防死守。尹子奇的十万大军连续攻击睢阳多达二十次,竟然全部失败。

到了晚上,趁着尹子奇的军队休息的时候,张巡故意在城头敲锣打鼓,做出要进攻的姿态。尹子奇立即紧张起来,大半夜把士兵叫起来严阵以待。然而,张巡竟然没有派出一个人,搞了半天只是在装腔作势。

"可恶,这个张巡搞什么鬼。"尹子奇摸不着头脑。他见士兵白天攻城已经很累,半夜又睡不好,一个个精神萎靡,于是下令让全军好好休息。士兵们一夜没睡,累得不行,倒头就呼呼大睡起来。

到了后半夜,尹子奇被一阵叫喊声吵醒了。侍卫冲进军帐大喊:"将军,不好了,张巡带兵杀进大营里来了。"

尹子奇大惊失色,胡乱穿了衣服,骑上马就带兵抗击。

张巡这次突袭只带了少量兵马,他知道不可能与尹子奇正面对抗。要想获胜,唯一的办法就是杀掉尹子奇这个主帅。没有主帅的军队,自然就不堪一击了。但张巡没见过尹子奇,不认识他。危急时刻,张巡想了个办法,说道:"弓箭手,把箭换成秸秆!"

弓箭手们虽然都很疑惑,但军令如山,纷纷照做。一时间,一根根秸秆制成的箭射进了尹子奇的大营。士兵见状大喜,立即向尹子奇汇报:"将军,敌人的箭是秸秆,可见他们已经弹尽粮绝。"

尹子奇听了,十分高兴:"太好了,将士们,随我突围!"

尹子奇带兵突击,张巡立即辨认出他的位置,当即令弓箭手一起向尹子奇射箭。刹那间,万箭齐发,主帅尹子奇倒下了。尹子奇的士兵们则丢盔弃甲,瞬间溃散了。

张巡凭借智谋,保住了睢阳城。

兵法智慧

张巡的兵力与尹子奇相比差太多了,如果不使用计谋,一味地和尹子奇硬拼,睢阳城迟早会沦陷。但张巡没有这么做,面对大军围困,他镇定自若,找出了关键的解决办法——擒贼先擒王。既然我拼不过你的军队,那直接击杀主帅不就行了吗?

这个故事告诉我们,遇到难题时,只需要找到关键,就可以很轻松地解决问题。

比如,在篮球赛场上,双方球员打得火热,但比分却在逐渐拉开差距。处于劣势的一方如果只执着于硬拼实力,很可能会败下阵来。只要找到关键问题,明确对方的得分点,再制定相应的应对策略,就有可能缩小差距,扳回一城。

成语在线

yán zhèn yǐ dài
严 阵 以 待

出处：《资治通鉴·汉纪》。

释义：整饬军队，充分做好战斗的准备，等待来犯的敌人。

近义词：秣马厉兵、披坚执锐、壁垒森严。

反义词：望风而逃、偃旗息鼓。

成语接龙：严阵以待——待价而沽——沽名钓誉——誉满天下。

成语造句：今天学校举行消防安全演习，同学们都严阵以待，按照老师的指导迅速而有序地撤离到操场。

胜利之径,不可复刻

兵法典著

因形而措胜于众,众不能知。人皆知我所以胜之形,而莫知吾所以制胜之形。故其战胜不复,而应形于无穷。

——《虚实篇》

经典释读

即使把根据形势而做出决定取得的胜利摆在众人面前,众人也不能知晓其中的原因;大家都知道我作战胜利的外在方法,却没人能了解我取得胜利的内在方略。所以,我取胜的方略不会重复,只会随着敌情变化而采取无穷的应对方法。

历史故事

王阳明平宁王

明朝中期，宁王朱宸濠看不上当今皇帝，每天都想着自己能够登上皇帝的宝座。他的封地在南昌，于是就把这里当成根据地，秘密训练兵马，壮大自己的力量。为了招揽人才，宁王还贿赂朝中权臣，让他们为自己说好话，防止被皇帝察觉。

然而，当时在朝中当官的王阳明一眼就看穿了宁王的阴谋。可是如果说出来，皇帝肯定不相信，还会打草惊蛇。王阳明只能等待时机。

1519年夏天，一切都准备好了，宁王发动了叛乱。他率领十万大军，浩浩荡荡地从南昌出发，一路攻城略地，眼看着就要打到南京了。消息传来，朝野震惊，皇帝朱厚照和大臣们都吓得不轻。

此时，王阳明正在前往福建的路上，得知宁王叛乱，他立刻改变了行程，火速赶往吉安。王阳明很清楚，如果宁王打下南京，以南京为据点，就可以

和朝廷分庭抗礼了，到时候大明王朝一半的江山都要被他控制了。

王阳明到达吉安后，迅速召集了一支义军，但他手中的兵力远远不足以对抗宁王的大军。面对如此悬殊的兵力对比，王阳明并没有慌张，既然硬拼打不过，那就以智取胜。

他首先派出间谍四处散布假消息，声称朝廷已经派出了十六万大军，准备进攻南昌。这个消息很快传到了宁王的耳中。南昌可是他的据点呀，如果南昌被攻克了，宁王就完蛋了。于是，宁王放缓了进攻南京的步伐，不再轻举妄动。

就在宁王犹豫不决的时候，王阳明加紧了军事行动。他迅速攻占了南昌，切断了宁王的后路。宁王得知老巢被端，急忙回兵救援，与王阳明在鄱阳湖大战。双方打了三天三夜，最终宁王战败。

兵法智慧

王阳明平定宁王叛乱的战役是不可被复制的，关键在于其战略上的精妙与对手决策的失误。当王阳明攻打南昌时，宁王有两个选择：一是放弃南昌，直取南京；二是放弃南京，救援南昌。宁王选择了前者，王阳明胜利了。假如宁王选择后者呢？

这个故事告诉我们，成功的经验是不可复制的，取得成功是受很多因素共同影响的。

比如，很多同学会在作文中引用名言名句。有的人作文得了高分，会在下一次写作时继续引用同样的名句，却被老师批评为引用不当，作文也得分不高。他们忽略了一个问题：这次的作文主题和上次不同了。

因此，昨天的方法不一定适用于今天的问题。我们只能从别人身上得到经验教训，但使用的时候，要根据具体情况来分析，以灵活应对各种挑战。

成语在线

因时制宜（yīn shí zhì yí）

出处：《淮南子·氾论训》。

释义：根据不同时期的具体情况，采取与之相应的措施。

近义词：因地制宜、因材施教、见机行事。

反义词：刻舟求剑、不合时宜。

成语接龙：因时制宜——宜室宜家——家给人足——足智多谋。

成语造句：农民伯伯会根据季节的变化来种植不同的作物，这就是因时制宜。

遇事不惊，应变无穷

兵法典著

夫兵形象水，水之形，避高而趋下；兵之形，避实而击虚。水因地而制流，兵因敌而制胜。故兵无常势，水无常形。能因敌变化而取胜者，谓之神。

——《虚实篇》

经典释读

作战部队的阵形变化像流水。流水的特性是避开高处而流向低处，作战部队习惯上是避开敌人坚实的地方而攻击其虚弱的地方。水依据地势的高低而形成其流向，作战部队也应根据敌人的情况而决定取胜方针。所以，用兵作战没有固定的方式方法，就像水没有固定的形态一样。能依据敌情变化而取得胜利的，就能称得上用兵如神了。

历史故事

空城计

蜀汉建兴六年，公元228年，马谡因街亭兵败被杀。魏国大将军司马懿趁势率领十五万大军向诸葛亮所在的西城而来。听到这个消息，城中的官员和百姓都吓坏了。此时的西城内无守军，外无增援，该如何面对司马懿的十五万大军呀？

然而，作为丞相和军师的诸葛亮却气定神闲地说："大家别担心，我有办法。不用一兵一卒，就能击退司马懿！"

大家听了，纷纷露出不可思议的表情。但诸葛亮可是蜀汉的传奇人物，连刘备都得听从他的意见。因此，尽管内心感到慌乱，大家还是对他深信不疑。接下来，诸葛亮传下命令说："把城墙上的所有旌旗都拔下来，守城器械也都运走。另外，把四面城门全部打开，不需设防。"

大家听了，脸都吓白了，心想：难道丞相要投降吗？

诸葛亮看着大家惊讶的神色，淡淡地说："司马懿生性多疑，我们越是敞开大门，他就越不敢进来。按照我的安排去办吧。"

没过多久，司马懿带着大军来到城门前，却看到城门大开，无人把守，只有三两个佝偻着背的老者在清扫大街。

忽然，城楼上传来一阵琴音。司马懿抬头看去，只见诸葛亮披着鹤氅，戴着高高的纶巾，身边站着两个书童，正悠然地弹奏古琴呢。

司马懿见到此种情形，心里不免生疑：这个诸葛亮最擅长搞鬼，他一定是在城中埋伏重兵，想引我入城，我偏偏不上当！

于是，司马懿下令全军后撤，离开了西城。就这样，诸葛亮没有消耗一兵一卒就让司马懿撤军。

兵法智慧

在这场实力悬殊的对战中，诸葛亮取得胜利的关键在于他有足够强大的心理素质。大军压境，在众将士都慌乱不已时，他却能够临危不乱，沉着冷静地处理，这才创造了以空城吓退十五万大军的奇迹。

这个故事告诉我们，遇到事情时，不要慌乱，只有冷静分析，才能找出解决办法。比如，有的同学在考场上很容易受到各种因素的影响：遇到的题目太难了，答题时间不够了，写错了字，等等。他们一着急思路便更加混乱，于是更加解不出题目，最终导致成绩不理想。其实，在考试时，无论遇到什么难题或突发情况,都要保持镇定,冷静分析,梳理好解题思路,这样才能尽最大努力交出一份最好的答卷。

成语在线

xū zhāng shēng shì

虚张声势

出处:《论淮西事宜状》。

释义:假装出强大的气势,指假造声势,借以吓人。

近义词:做张做势、虚晃一枪、装腔作势。

反义词:不动声色、若无其事。

成语接龙:虚张声势——势不两立——立马万言——言无二价。

成语造句:他只是虚张声势,实际上并没有解决这个难题的能力。

军争篇

迂回制胜，巧破千钧

兵法典著

军争之难者，以迂为直，以患为利。故迂其途，而诱之以利，后人发，先人至，此知迂直之计者也。

——《军争篇》

经典释读

两军争夺中最困难的地方，在于用迂回进军的方法达到取得战场主动权的目的，把看似不利的条件转变为有利的条件。故意迂回绕道，并用小利引诱敌人，这样就能做到比敌人后出动而先到达目的地，这就是懂得"以迂为直"的计谋。

历史故事

赵奢破秦军

战国末期,范雎向秦昭襄王提出了"远交近攻"的策略,他告诉秦昭襄王,想要进击中原,就必须先解决"堵在门口"的韩国和魏国。但当时赵国实力很强,秦昭襄王担心攻打韩国和魏国,赵国会从背后搞小动作,于是决定先找机会教训一下赵国。

后来,秦国发兵攻打赵国,掠夺了三座城池。赵王与秦国签订了用焦、黎、牛狐三座城交换三城的协议,但后来又毁约。秦昭襄王因赵王不履行协议而大怒,气得胡子都直了。

"气死我了,赵王竟然耍我,胡阳,我命令你立即率军围攻阏与!"胡阳当下带军将阏与包围了起来。赵惠文王得到军报,立即慌了神,赶紧召集廉颇、乐乘、赵奢等大将商量对策。

廉颇说:"大王,阏与离邯郸还很远,而且道路崎岖,难以救援呀!"乐乘也点头表示同意。

赵惠文王听了,眉头紧皱。这时赵奢却说:"大王,我们应该派兵出击,秦军绝对不是我们的对手!"

赵惠文王大喜,说:"赵将军,请您立即出兵!"

就这样,赵奢带兵出发了。秦军知道赵军已出兵,于是又派出另外一支军队来到武安,形成掎角之势。如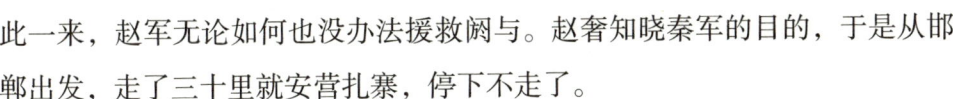此一来,赵军无论如何也没办法援救阏与。赵奢知晓秦军的目的,于是从邯郸出发,走了三十里就安营扎寨,停下不走了。

一连过了二十多天，赵奢也没有行军的动向。秦军将领不明所以，于是派间谍混入赵奢军中打探消息。赵奢一眼就识破间谍的身份，心想：嘿嘿，我还怕你不来呢，既然来了，那我就将计就计吧。

于是，赵奢假装没认出间谍，带他好吃好喝，还把自己的"军事计划"全部说出来了。

间谍回到秦军大营，把这一切都告诉了胡阳。而胡阳觉得赵奢只不过是骗赵王，做做样子混点军费而已，随后就放松了警惕。

估摸着间谍已经回到秦军大营，赵奢知道计划成功了，当下立即命令部队抛下辎重，连夜行军来到距离阏与五十里的地方。此时，驻扎在武安的秦军才恍然大悟，立即追击，但已经太晚了。

赵奢发兵数万，火速抢占北山，占据了制高点，秦军赶到的时候，赵奢居高临下，把秦军打得落花流水，阏与之围解除了。

兵法智慧

阏与之战，赵奢之所以能成功击败秦军，靠的就是迂回战略。赵奢知道秦军已经围困阏与，若自己直接行军到达，士兵必然疲惫不堪。而秦军以逸待劳，赵军很可能战败。既然如此，那就不直接攻打，而采取迂回手段。先在距离阏与很远的地方"演戏"迷惑秦军，待时机成熟时甩开秦军，再攻其不备，就胜利在望了。

这个故事告诉我们，遇到困难的时候，如果采取最直接的办法无法解决，那就迂回一下，灵活应对。比如，背诵文章时，直接死记硬背，怎么记都记不住。这时，就不要再继续下去了，要学会使用迂回手段。例如，可以绘制思维导图，或者使用联想记忆法等帮助背诵，可能记忆效果会更好。

应怜屐齿印苍苔，小扣柴扉久不开……

成语在线

ān yíng zhā zhài
安营扎寨

出处：《隔江斗智》。

释义：旧指军队到一个地方，须在野外扎帐篷、设栅栏为营。现指部队、团体在一个地方驻扎、安顿下来。

近义词：安家落户、安土重迁、步步为营。

反义词：拔寨起营、班师回朝。

成语接龙：截然不同——同床共寝——寝馈难安——安营扎寨。

成语造句：我们在海边支起了帐篷，安营扎寨，欣赏着海边的美景。

巨细无遗，行之必果

兵法典著

故不知诸侯之谋者，不能豫交；不知山林、险阻、沮泽之形者，不能行军。不用乡导者，不能得地利。

——《军争篇》

经典释读

所以不明白诸侯各国的图谋，就不要和他们结盟相交；不明白山林、险阻和沼泽的地形分布，就不能行军；不使用向导，就不能利用有利的地形。

历史故事

盱眙之战

南朝的刘宋与北魏之间有一场著名的战役——盱眙之战。北魏的太武帝拓跋焘率领着威震四方的大军，雄心勃勃地南下，目标直指刘宋的防线。在他的指挥下，北魏的铁骑在交战中屡次击溃刘宋军队，锐不可当，一路高歌猛进，直逼长江北岸的盱眙城。

拓跋焘骑在高大的战马上，望着远方的盱眙城，志在必得。他心想：盱眙，一个区区小城，何足挂齿，只需我一声令下，我军便能将其踏平。北魏的士兵也都信心满满，觉得这次出征就像摘果子一样简单。

然而，盱眙城并不像想象中那样不堪一击。守城的将领们早已严阵以待，他们利用城防工事，誓死捍卫家园。

"兄弟们,守住城池,让北魏见识一下我们的厉害!"盱眙城的守将激励着士兵。

拓跋焘率领军队,用了钩车、冲车等攻城利器,但都被盱眙城的守军抵挡住了。守军还用滚烫的油和巨石还击,使得北魏军无法靠近城墙半步。

这时,拓跋焘开始感到焦虑。他没想到这个小小的盱眙城竟然如此难以攻克。

更加意想不到的是,南方特有的湿热气候成了北魏军的敌人。这些来自北方的士兵不适应南方的气候,而瘟疫也在军中蔓延开来。"将军,军中开始有人生病了,士气也变得很低落。"一位将领忧心忡忡地向拓跋焘报告。疾病迅速在军中蔓延,勇猛善战的士兵一个接一个倒下了。面对这样的情况,拓跋焘也不得不重新考虑接下来的安排。

最终,在刘宋军队的顽强抵抗和疾疫的双重打击下,拓跋焘做出了艰难的决定:"撤军!我们改日再战!"

北魏大军带着不甘撤离了盱眙城,留下了满目疮痍的战场。

兵法智慧

在盱眙之战中,拓跋焘带着十万铁骑南下,一路连胜。原本信心满满,以为能够轻松取胜,结果却因为没有调查清楚敌军的守卫情况,低估了对方的抵抗能力和盱眙城的防御准备,导致迟迟攻不下盱眙城。又因为士兵水土不服、不适应环境,不得不撤兵。

这个故事告诉我们,细节决定成败,无论是学习还是生活。比如,做题前认真阅读题目,做题时把每个步骤都写清楚,做完题认真检查和验算。只有把细节做到位，才能一步一步攻克难题。相反，如果马马虎虎地做，再简单的题也会因为题没看清、写错符号等小问题而丢分。

成语在线

diū kuī qì jiǎ
丢盔弃甲

出处：《孟子·梁惠王上》。

释义：跑得连盔甲都丢了。形容打败仗后逃跑的狼狈相。

近义词：落荒而逃、一败涂地、落花流水。

反义词：克敌制胜、旗开得胜。

成语接龙：丢盔弃甲——甲第连云——云淡风轻——轻装上阵。

成语造句：敌人被英勇的解放军打得丢盔弃甲。

同舟共济，破浪前行

兵法典著

《军政》曰：言不相闻，故为金鼓。视不相见，故为旌旗。夫金鼓旌旗者，所以一人之耳目也。人既专一，则勇者不得独进，怯者不得独退，此用众之法也。

——《军争篇》

经典释读

《军政》里说："在战场上听不见言语命令，所以设置了金鼓来指挥；看不见动作，所以用旌旗来指挥。"金鼓和旌旗是用来统一士兵行动的。既然士兵都服从统一指挥，那么勇敢的战士不会单独前进，胆怯的也不会独自退却，这就是指挥大军作战的方法。

历史故事

牧野之战

商朝末年，商纣王残暴无德，导致民怨沸腾。周国的君主武王姬发在姜子牙的辅佐下，决定起兵推翻商王朝。为此，他做了周密的部署。姬发知道仅凭周的力量不可能对抗商朝，于是联合八百个诸侯国，组成了一支庞大的联军。

联军人数众多，配合起来非常困难，但这难不倒姬发，他让姜子牙当统帅，统一指挥。决战前夕，姬发组织联军进行了盟誓。他慷慨激昂地说："我们不仅仅是为了战斗而战斗，我们是为了天下的百姓而战。"他的话激励了所有人，诸侯们纷纷表示愿意效忠于他，共同对抗商纣王。

第二天，在姜子牙的带领下，联军向商王朝发动了进攻，双方军队在牧野展开了较量。周军排列成整齐的阵形，战车在前，步兵紧随其后，向着商王朝的主力进攻。

各诸侯国的军队也按照事先约定，各自负责不同的战线和任务。在姜子牙的统一指挥下，他们配合得非常默契，有的负责吸引敌人的注意力，有的负责侧翼包抄，有的则负责后方防守。

商纣王绝对没想到有人会造反，仓皇组织军队去抵挡。军队虽然人数众多，但士气低落，许多士兵并不愿意为一个暴君而战。周军的战车冲入敌阵，步兵紧随其后,这时商军的阵脚开始动摇。诸侯国的军队按照计划行动,像一张大网一样,将商军牢牢包围。

很快,周国的一支精锐部队突破了商军的防线,直指商纣王的中军。商军士兵看到周军如此勇猛,纷纷投降或逃跑。

"都给我回来,给我继续战斗!"商纣王大喊。

可是没人听他的,士兵们逃跑还来不及呢!商纣王见大势已去,逃出重围,仓皇跑进皇宫,登上鹿台,以自焚的方式结束了自己的生命。

兵法智慧

周武王姬发推翻商纣王的牧野之战之所以胜利,依靠的是诸侯之间相互配合,团结一心。所有人都有同一个目标——推翻纣王。在战争过程中,大家接受统一调度,步调一致,多方配合,才得以快速围困商军,取得最终的胜利。

这个故事告诉我们,一个团体想要获得成功,需要所有成员心往一处想,劲儿往一处使。比如,班级参加拔河比赛时,要想获得胜利,团体内的所有人必须一起使劲儿,如果大家胡乱来,那么结果必定是输掉比赛。

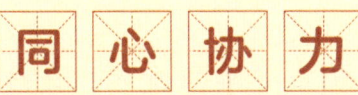

出处:《梁书·王僧辩传》。

释义:团结一致,共同努力。

近义词:通力合作、同心同德、和衷共济、戮力同心。

反义词:分崩离析、同床异梦、同室操戈。

成语接龙:同心协力——力大无穷——穷兵黩武——武艺高强。

成语造句:只要我们大家同心协力,就没有克服不了的困难。

意志坚定破万难

兵法典著

故三军可夺气,将军可夺心。

——《军争篇》

经典释读

所以可以挫伤敌军士卒的锐气,让敌军丧失士气;可以动摇敌方将领的决心,让敌将丧失斗志。

历史故事

长勺之战

春秋时期，齐国爆发内乱，公子小白和其兄弟公子纠分别逃出齐国，公子小白逃到了莒国，而公子纠逃到了鲁国。等到齐国内乱结束之后，两个人为了当上国君，快马加鞭往齐国都城赶，谁第一个到达谁就能当上国君。

鲁国为了帮助公子纠，在公子小白回齐国的路上进行了阻击。后来，公子小白在鲍叔牙的帮助下，先一步回到齐国，当上了国君，即齐桓公。齐桓公非常痛恨鲁国的行为，于是决定教训一下鲁国。公元前684年，齐桓公下令讨伐鲁国。鲁国国君鲁庄公吓坏了，连忙召集大臣商量对策，可是谁也没有办法。这时一个名叫曹刿的平民觐见鲁庄公，提出自己的见解说："大王，我有办法战胜齐国！"

鲁庄公一听非常高兴，于是就让曹刿和自己同乘一辆战车，一起去战场。

两军对阵，鲁庄公有点儿心虚，毕竟齐国军队实在是太厉害了。齐军将领下令敲鼓，鼓声雷动，震得人耳朵都疼了。鲁庄公见状对曹刿说："我们可以进攻吗？"曹刿摇摇头，说："大王，再等一下。"齐军不见鲁军有什么动静，于是又敲了一次鼓。鲁庄公又问："现在可以进攻吗？"曹刿再次摇头："还要等一下。"鲁庄公心里犯嘀咕：怎么回事，这人会不会打仗呀？

85

等到齐军第三次击鼓后，曹刿对鲁庄公说："大王，可以进攻了！"鲁庄公下令进攻，一鼓作气将齐军打败了。战后，鲁庄公很纳闷儿："为什么要等齐军敲三次鼓才进攻？"曹刿解释说："打仗打的是士气和意志力。齐军第一次敲鼓很有利于鼓舞士气，第二次就减弱了，第三次明显没士气了。齐军丧失了士气而鲁军士气正旺，这时是最好的进攻时机。"

兵法智慧

齐桓公在位时的齐国是春秋时期数一数二的强国，因此齐桓公才能称得上春秋霸主。鲁国实力则是十分弱小的。这次，弱小的鲁国竟然战胜了强大的齐国，凭借的是曹刿的军事才能，他认识到两军交战中士气的重要性。齐军的意志力最先减弱，而鲁军士气高昂，因此才最终获得胜利。

当我们遇到难题或挑战时，不能轻易放弃，要坚持不懈地寻找解决问题的方法。

成语在线

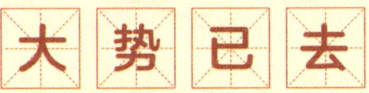

大势已去

出处：《新唐书·昭宗本纪》。

释义：有利的形势已经丧失，前途已经没有希望。形容局势已无法挽回。

近义词：强弩之末、每况愈下、日暮途穷。

反义词：如火如荼、欣欣向荣。

成语接龙：大势已去——去伪存真——真知灼见——见多识广。

成语造句：眼看大势已去，他的内心充满了失落和迷茫，不知道接下来该怎么做。

九变篇

有所取舍，不走捷径

兵法典著

途有所不由，军有所不击，城有所不攻，地有所不争。

——《九变篇》

经典释读

有些道路不宜走，有些敌军不宜打，有些城池不宜攻，有些地方不宜争。

历 史 故 事

邓艾灭亡蜀汉

东汉灭亡后,魏、蜀、吴三国鼎立。当时的蜀汉国力衰弱,而魏国则兵强马壮。魏国决定发动一场战争,消灭蜀汉,进一步完成统一。魏国大将邓艾被任命为这次战役的指挥官之一。

想要进入蜀汉,剑门关是最直接的路。但剑门关关口险峻,易守难攻。历史上,无数的军队都曾试图攻破剑门关,但都以失败告终。邓艾知道,如果正面进攻,不仅会损失惨重,而且胜算不大。邓艾不禁想:进入蜀汉难道就没有别的路了吗?

这天夜里,邓艾站在地图前,注视着蜿蜒曲折的剑门山脉。他的目光最终停在了一条几乎无人知晓的小路上——阴平小道。这条路崎岖难行,很多人都觉得是不可能行军的。但邓艾却想出一个大胆的计划:他要带领部队偷渡阴平,直接出现在蜀汉的腹地。

邓艾立即把将领们召集起来,说出自己的计划,结果不出所料,遭到了许多人的反对。

"将军,您在开玩笑吗?这条路根本不能走,太危险了!"

但邓艾不这么觉得,他坚信只有出奇制胜,才能打败蜀汉。他决定冒险一试。

于是,邓艾率领一支精兵,在悬崖上搭设栈道前行,有时候甚至要贴着峭壁,一个接一个地慢慢挪动。

终于,经过了长时间的艰苦行军,邓艾的部队奇迹般地出现在蜀汉的腹地。蜀汉的守军惊恐不已,他们根本想不到会有敌军在这个地方出现。

邓艾的部队如同从天而降,迅速攻占了蜀汉的战略要地。因此,蜀汉的军队陷入了混乱。不久之后,蜀汉的皇帝刘禅被迫投降,蜀汉灭亡。

兵法智慧

邓艾之所以能够成功灭亡蜀汉,关键在于他走了一条常人不会走的路。明明有剑门关这条大道,邓艾偏偏选择了一条艰难的小路。邓艾看似不聪明,实际上他懂得取舍,知道方便容易的路不一定是通往成功的路,反而是艰难的路,才容易成功。

这个故事告诉我们,无论是学习还是生活,做事情的时候都要懂得取舍,有的时候,看似简单容易的事情不一定就容易做到。比如,有的同学放学后不写作业,到了学校直接抄同学的。虽然用这种方式完成作业很方便,但实际上却没有真正学到知识。最终考试的时候，成绩也不会理想。因此，有时看似便捷的路，其实并不是最好的。

成语在线

bīng qiáng mǎ zhuàng
兵 强 马 壮

出处：《新五代史·安重荣传》。

释义：兵力强大，马匹健壮。形容军队富有战斗力。

近义词：所向披靡、战无不胜、兵精粮足。

反义词：势单力薄、赤手空拳。

成语接龙：兵强马壮——壮志凌云——云谲波诡——诡计多端。

成语造句：在学校的运动会上，我们班的运动员队伍兵强马壮，每个人都精神抖擞，准备在比赛中大显身手。

见微知著观利弊

兵法典著

是故智者之虑,必杂于利害。杂于利,而务可信也;杂于害,而患可解也。

——《九变篇》

经典释读

因此,精明的将领考虑问题,必须兼顾有利和不利两个方面。在不利的条件下要看到有利的方面,任务才能够顺利完成;在有利的条件下要看到不利的方面,祸患才能够事先解除。

历史故事

郑国伐蔡

春秋时期，卫国联合宋国、陈国、蔡国组成了四国联盟，共同出兵讨伐郑国。四国联军堵住了郑国国都的东门，一连围困了五天，没能把郑国怎么样，就撤兵了。然而，这件事让郑国颜面无存。当时的郑国国君郑庄公觉得非常憋屈，于是找了个机会出兵讨伐蔡国，大获成功，还俘虏了蔡国司马公子燮。胜利的消息传回郑国，郑国人非常高兴，终于报仇雪恨了。

然而，子产却没有随声附和，反而为此忧心忡忡。他对别人说："我们郑国本就是小国，不努力发展国内经济，反而到处征战，是会招来祸患的。"大家早就被胜利冲昏头脑了，都觉得子产是在说疯话，全都嘲笑他。

子产无奈地摇摇头说："蔡国是楚国的盟友，我们讨伐了蔡国，楚国一定不会坐视不管，到时候楚国大军来袭，我们拿什么来抵挡呢？"

有人说，既然楚国国力强盛，那如果它来讨伐我们，我们和它缔结盟约不就好了？子产微微一笑说："你太天真了，既然楚国有能力灭掉郑国，为什么还要缔结盟约呢？再者说，如果我们被楚国打败而签订盟约，晋国必定也会来侵犯我们。难道到时候也要签订盟约吗？恐怕，郑国从此以后都会不得安宁。"

上到国君，下到百姓，全对子产的话置之不理，觉得他是杞人忧天。

然而，只过了一年，楚国就带兵前来征讨郑国。这一切竟然被子产说中了。面对楚国浩浩荡荡的大军，郑国国君十分后悔，心想当初要是听子产的劝告就好了。

兵法智慧

郑国虽然打败了蔡国，但得到的利益却是短暂的，从长远的角度看，终会得到楚国的报复。郑国国君眼光短浅，看得不够长远，因此才招致了祸患。

这个故事告诉我们，无论做什么，不能光想着好处，还要考虑这件事引发的坏处，这样考虑问题才能全面。比如，玩电子游戏时，我们确实会获得短暂的快乐，但坏处也很大，会影响身体健康，损害视力，耽误学习。和这些坏处比起来,好处简直微不足道。因此,当你想要玩电子游戏时,就要同时考虑坏处和好处,权衡之后再做决定。

成语在线

bào chóu xuě hèn

报仇雪恨

出处:《淮南子·氾论训》。

释义:报冤仇,除怨恨。

近义词:报仇雪耻、以牙还牙。

反义词:以德报怨、忍辱负重。

成语接龙:报仇雪恨——恨之入骨——骨肉相残——残缺不全。

成语造句:他发誓要报仇雪恨,让曾经背叛过他的人付出代价。

宜未雨而绸缪

兵法典著

故用兵之法，无恃其不来，恃吾有以待也；无恃其不攻，恃吾有所不可攻也。

——《九变篇》

经典释读

所以用兵的原则是：不要寄希望于敌人不来，而是要依靠自己做好充分的准备，等待敌人到来。不要寄希望于敌人不进攻，而是要依靠自己拥有强大的力量，让敌人无法进攻。

历史故事

康熙平定三藩之乱

清朝初期,为了稳定南方,清廷封了三位有功的降将为王,分别是平西王吴三桂、平南王尚可喜、靖南王耿仲明,让他们镇守云南、广东、福建。

到了康熙年间,三位藩王的势力越来越大,不仅拥有自己的军队,还掌握着地方的财政和政治权力,形成割据一方的局面。康熙帝亲政后,意识到三藩势力的扩张对中央集权构成了威胁。

"哎呀,一想到三藩的事儿,就头疼呀!"

思前想后,康熙决定撤藩。不过撤藩可不是说做就能做到的,毕竟三位藩王掌握着强大的军队,议案处理不当,就可能引发大动乱。为此,康熙皇帝未雨绸缪,做了很多前期准备。在决定撤藩之前,康熙并没有声张,默默开始整顿军队,提高八旗兵的战斗力,并且扩编佐领,加强训练。

一旦战争爆发,就需要很多钱财和粮草。为了应对下达撤藩命令之后三藩可能会挑起的战争,康熙帝对财政进行了整顿,筹备了相应的军费,以防不测。

另外,康熙在藩地委派自己的亲信担任督抚,以此来牵制三藩的势力,并为撤藩后的接管做好准备。撤藩之前,朝中大臣分成了两派,一派赞成,一派反对。康熙帝采取了一系列缓和民族矛盾的措施,以争取民心,并拉拢支持撤藩的朝臣。

多方面准备完毕之后,康熙十二年(1673年),康熙下达了撤藩的命令。吴三桂率先起兵反清,尚可喜和耿精忠(耿仲明之孙)也相继响应,一时间南方大乱。吴三桂的军队一度占领了湖南、四川等省份,形势对清廷极为不利。

面对这样的局势,康熙帝并没有慌乱,果断采取应对措施,毕竟他已经提前做好了安排。首先,他稳定了北方的局势,以确保京师的安全。接着,他开始调集军队,准备南下平叛。

康熙帝采取了分而治之的策略,通过政治手段分化了三藩之间的联盟。他向耿精忠和尚之信(尚可喜之子)表示,只要他们归顺朝廷,就可以既往不咎,保留他们的王位。这一策略见效很快,耿精忠和尚之信先后投降,吴三桂陷入了孤立无援的状态。

最终,清军攻进云南,打败了吴三桂的军队,最终三藩之乱被彻底平定。

兵法智慧

撤藩是清政府一个涉及三藩根本利益的的决定,相当于朝廷要剥夺吴三桂等三个藩王的大权,三藩肯定是不愿意的。康熙皇帝早就想到了这一点,所以才会提前部署。正因为康熙在事情还没发生之前就做好了部署,未雨绸缪,才能够有效处理好藩王的叛乱。

这个故事告诉我们,要有长远的目光,在事情发生前就要做好充足的准备,这样遇到困难才能够自如地应对。比如,一个有前瞻性的学生会提前规划自己的学习生活，选择合适的课程和活动，这样当面临升学或就业时，就能够更加自信地迎接挑战。

成语在线

jì wǎng bù jiù

既往不咎

出处：《论语·八佾》。

释义：原指已经做完或做过的事，就不必再责怪了；现指对以往的过错不再责备。

近义词：不咎既往、不追既往、不计前嫌。

反义词：杀一儆百、信赏必罚。

成语接龙：既往不咎——咎有应得——得心应手——手无寸刃。

成语造句：在班级活动中，如果有同学不小心犯了小错误，我们都会既往不咎，一起享受活动的乐趣。

心性决定命运

兵法典著

故将有五危：必死，可杀也；必生，可虏也；忿速，可侮也；廉洁，可辱也；爱民，可烦也。凡此五者，将之过也，用兵之灾也。覆军杀将，必以五危，不可不察也。

——《九变篇》

经典释读

将领在性格上有五种很危险的缺陷：只知道用蛮力死拼，可能会被诱杀；贪生怕死，可能会被俘虏；急躁易怒，可能会遭到轻侮；过于在意廉洁的名声，可能会遭到污辱；过于爱民，可能会陷入烦扰。这五种缺陷，是将领的缺点，也是用兵的灾难。全军覆没，将领被杀，必定是由于这五种缺陷，身为将帅之人务必要考察啊。

历史故事

刘裕败桓玄

东晋末年,大军阀桓玄掌握着东晋的主要兵权。他依靠自己的军事力量篡晋称帝,引起了东晋王朝很多臣子的不满,大将军刘裕就是其中一员。

刘裕听说桓玄篡位谋反之后,十分生气。他召集手下部将,集结了几千人马,沿着长江溯流而上,来到峥嵘洲,准备教训桓玄这个叛将。此时桓玄已经称帝,手下的兵马比刘裕不知多了多少倍。他听说刘裕起兵讨伐自己之后,忍不住大笑起来:"哈哈哈,刘裕就那么点儿人马,还想讨伐我,我动动小指头就能让他好看。"于是,桓玄立即下令,让手下部将整顿兵马,与刘裕交战。

很快,双方军队开始在江面上展开作战。桓玄稳坐在旗舰之上,时刻关注着战争的动向。每当刘裕靠近他一点儿,他心里就咯噔一下。桓玄虽然曾是东晋的将军,但他有一个弱点,那就是十分怕死。别看他表面镇定地指挥作战,其实内心已十分惊慌,唯恐刘裕冲过来把他杀了。每次出征作战的时候,他都会在自己的船边捆绑上救生小艇,一旦发生重大变故,就立即乘坐救生小艇逃命。

然而,为桓玄作战的士兵看到他如此贪生怕死,心中感到十分不满和别扭。大家心想:我们为你出生入死,结果你只想着自己逃命,那我们还拼了命地打什么呀，随便糊弄一下得了。因此，在和刘裕交战时，谁都不愿意出力。就这样，原本人数不占优势的刘裕，用几千人对战桓玄的几万人，竟然把桓玄打得节节败退。

忽然，江面上起了大风，向着桓玄的船队吹去。刘裕见状，立即大喊："放火，烧他的船！"刹那间，大火包围了桓玄的战船，士兵纷纷跳水逃命。最终，刘裕凭借少数兵力击败了桓玄。

兵法智慧

在兵力如此悬殊的情况下，刘裕竟然打败了桓玄。究其原因，和主将的心性有关。刘裕讨伐桓玄，是出于正义，出于对东晋皇室的忠诚。所以士兵都被刘裕这种精神感染，愿意跟着他厮杀。但桓玄则不同，他时刻想着逃跑，不顾士兵死活，因此士兵也会不为他拼命，只是糊弄了事。

这个故事告诉我们，无论做什么事情，简单与否，心性和态度都会影响结果。比如，放暑假了，妈妈给你布置了阅读 10 本书的任务。如果你一开始就觉得很难，不积极主动地完成，到最后可能连一本书也看不完。但假如你相信自己能完成,每天要求自己阅读固定的时间或页数,等到假期结束时你会发现,读完 10 本书其实很轻松。

成语在线

贪 生 怕 死

出处:《汉书·文三王传》。

释义:指贪恋生存,畏惧死亡,也指对敌作战畏缩不前。

近义词:苟且偷生、贪生畏死、临阵脱逃。

反义词:舍生忘死、视死如归。

成语接龙:贪生怕死——死不瞑目——目中无人——人山人海。

成语造句:面对侵略者,我们决不做贪生怕死之徒。

行军篇

侥幸非良策

兵法典著

凡处军相敌。绝山依谷,视生处高。战隆无登,此处山之军也。

——《行军篇》

经典释读

在各种不同的地形上行军作战和观察判断敌情的时候,应该注意:通过山地时要靠近有水草的山谷,安营扎寨时要选在居高向阳的地方,敌人占据高地时不要仰攻。这些是在山地行军作战的原则。

历史故事

马援讨叛

马援是东汉开国功臣,是一员名将。东汉时期,湖南苗族叛乱,光武帝刘秀派马援平复叛乱。马援和副将耿弇出兵,一开始打得还挺顺利。苗人见马援军力强盛,于是不跟他正面对抗,全都隐藏到大山深处去了。

此时,马援做了一个大胆的决定。他对自己的将领们说:"大山深不可测,这样找下去,我们的粮草迟早会消耗完。不如我们直接攻打苗族老巢!"

将领们听了,纷纷点头。去苗族老巢有两条路:一条是充县陆路,路虽好走,但距离远;一条是从壶头走水路,距离近,但都是山林,走起来不太方便。经过一番商讨,将领们都认为应该走陆路,方便大军行进。然而马援却极力反对:"走陆路费力费粮,不如走水路直捣匪巢,苗族叛军就会不堪一击。"

这时,副将耿弇站出来反对:"将军,恐怕不妥。陆路虽然远,但相对安全。哪怕被苗人伏击,我们也能退兵。但走水路,相当于摸黑前进,恐怕不利于作战呀。"

两位将军因为走哪条路争论了起来,无奈之下他们将此事上书光武帝。光武帝刘秀经过一番考量,支持了马援的意见。就这样,马援带军走水路。

然而,事情发生了逆转,就像耿弇料想的那样,苗人发现了汉军,将他们堵在密林深处。与此同时,苗人占据上游高处的地形,对马援的军队进行阻击。

水路水流湍急,士兵们寸步难行,再加上苗人的阻击,马援不得不下令让全军在河边扎营休息。当时正值夏天,天气非常炎热,湖南地区潮湿难耐,很快军中便生了瘟疫,有不少士兵病死,活着的也是虚弱不堪,别说打仗了,就连走路都费劲儿。没过几天,大批士卒死去,马援也病死在军中。

兵法智慧

马援作为东汉名将,多次在南方剿灭叛乱,作战经验十分丰富,不会看不出走水路的危害。但此时马援存在侥幸心理,认为耿弇说的情况可能不会发生,没想到却真的发生了。

这个故事告诉我们,侥幸心理要不得,做任何事情都要脚踏实地,根据当时的情况具体分析。抱有侥幸心理,不顾规则,最终只会失败。比如,有些同学不喜欢洗手,尤其是男同学打完球之后,双手脏兮兮的就开始吃东西,这是很不卫生的。有些人抱有侥幸心理，我就一次不洗手，不会生病吧。你选择了侥幸，却不会每一次都没有病菌，说不定哪次就会引发肠道疾病。

成语在线

深不可测

出处：《楚辞·大招》。

释义：深得无法测量，比喻对事物的情况捉摸不透。

近义词：深不见底、神秘莫测、不可估量。

反义词：一目了然、浅而易见。

成语接龙：深不可测——策马加鞭——鞭长莫及——及时行乐。

成语造句：大海看起来深不可测，总是让人感到神秘又好奇，想要探索它的每一个角落。

智取巧胜，不恃蛮力

兵法典著

兵非益多也。惟无武进。足以并力、料敌、取人而已。夫惟无虑而易敌者，必擒于人。

——《行军篇》

经典释读

打仗不是兵力越多越好，而是不能武断冒进。只要集中兵力，判明敌情，战胜敌人罢了。那些既没有深谋远虑又轻敌的人，必定会被敌人擒获。

历史故事

班超经营西域

汉朝时,有一个人名叫班超,他不仅武艺高强,而且智慧过人。当时,西域各国与汉朝时常有战乱纷争。班超立志要为国家献力,稳定边疆,于是奉命踏上了前往西域的征途。

班超发现西域三十六国,国与国之间有的结盟,有的敌对,还有的摇摆不定。而且,北匈奴的势力也渗透其中,试图控制这些小国,对汉朝王室构成威胁。

班超首先来到鄯善国。鄯善国国王想要归顺汉朝,又担心匈奴的报复,于是在两国之间摇摆不定。班超带到西域的人并不多,不能靠武力镇压鄯善国,于是采取了一种更为巧妙的策略——送出丰厚的礼物。

"我大汉疆域辽阔,如果鄯善国能与大汉交好,对两国百姓都会有好处。"班超对鄯善国国王说。

另外,班超发现鄯善国其实有很多大

臣对匈奴心怀不满,于是他秘密会见了这些心怀不满的大臣,向他们展示了汉朝的强大国力和对盟友的慷慨。班超对这些大臣说:"只要鄯善国和大汉一起对抗匈奴,我们一定会提供军事援助,同时开放互市,大力促进两国经济的发展。"

这些大臣被班超的诚意打动,决定支持汉朝。一次宴会上,班超得知匈奴的使者也在鄯善国，并且鄯善国国王正准备秘密会见匈奴使者。班超立刻采取行动，他带领自己的随从夜袭匈奴使者的营地，将匈奴使者全部杀死。第二天，班超将匈奴使者的首级展示给鄯善国国王，表明汉朝的决心和实力。

鄯善国国王被班超的勇敢和智慧折服，决定彻底断绝与匈奴的联系，归附汉朝。班超的这一举动，不仅巩固了汉朝与鄯善国的联盟，还震慑了其他西域国家，使得许多国家纷纷向汉朝示好。

随后，班超又陆续出使西域其他国家，用他的智慧和勇气使得西域各国纷纷归附汉朝，不仅稳定了边疆，还重新开启了丝绸之路，促进了东西方的贸易和文化交流。

兵法智慧

班超出使西域时，身边只跟着几十个随从，并没有带大量兵马。因此，在与西域各国打交道时，用武力征服显然是行不通的。所以，班超选择运用智慧和策略，通过外交手段和心理战术来达成目的。

这个故事告诉我们，在解决问题时，不一定非要用强硬的方式，智慧和策略往往能取得更好的效果。比如，当我们在学校被同学欺负时，尽量不要跟同学起正面冲突，以免让自己受伤。正确的做法是将事情告诉老师和家长，由大人出面解决问题。

成语在线

shēn móu yuǎn lǜ
深 谋 远 虑

出处：《过秦论》。

释义：周密地谋划，长远地考虑。

近义词：深思熟虑、老谋深算、三思而行。

反义词：少不更事、掉以轻心。

成语接龙：深谋远虑——虑事多暗——暗中作乐——乐不思蜀。

成语造句：每当学校组织户外活动，老师总是深谋远虑地确保每位同学都能安全又开心地参与。

地形篇

金无足赤，犯错须担责

兵法典著

故战道必胜，主曰无战，必战可也；战道不胜，主曰必战，无战可也。故进不求名，退不避罪。唯人是保，而利合于主，国之宝也。

——《地形篇》

经典释读

所以，根据战场的客观情况，如果有必胜的把握，即便主君下令不打，也可以坚决地打；如果战争规律不能够确保取得胜利，即便主君下令打，也可以不打。因此，作为一名将领，率兵进攻不应该是贪图战胜的功名，率兵撤退不应该是回避罪责。只求国家和军队能否得以保全，是否符合主君的根本利益，这样的将领才是国家的宝贵人才。

历史故事

负荆请罪

战国时期,赵国有一位著名的将领,名叫廉颇。他勇猛善战,为赵国立下了赫赫战功。然而,廉颇却有一个性格上的缺点,他比较自负。

赵国朝堂上还有一位杰出的文臣,名叫蔺相如。蔺相如以智谋著称,曾因"完璧归赵"而名扬四海,后来又在渑池会上以巧妙的言辞和勇敢的行动维护了赵国的尊严,因此也被赵王封为上卿,地位与廉颇不相上下。

廉颇见蔺相如的地位与自己相当,心中很是不服。他认为自己的功名是在战场上拼杀出来的,而蔺相如只是凭借口舌之劳,凭什么与自己平起平坐?因此,廉颇经常在公开场合表示对蔺相如的轻视,甚至扬言要当面羞辱他。

蔺相如得知后,并没有与廉颇争执,反而尽量避免与他发生正面冲突。每次上朝,蔺相如都会故意迟到,避免与廉颇相遇;即使在路上遇见廉颇的车马,他也会主动让道。

蔺相如的门客们见此情景，都感到十分气愤，认为蔺相如太过软弱。

蔺相如对门客们说："我之所以避让廉将军，并不是怕他，而是为赵国的大局着想。廉将军是一位难得的猛将，而我善于谋划，我们一文一武，若能相互配合，秦国就不敢侵犯赵国。如果我们俩争斗起来，对赵国有什么好处呢？我之所以忍让，是先国家之急而后私仇也。"

后来，这番话传到了廉颇的耳中，他深受触动，开始反思自己的行为，意识到自己的狭隘和短视。他想到蔺相如对赵国的贡献，以及自己对蔺相如的轻视，感到十分惭愧。

于是，廉颇决定亲自去蔺相如府上请罪。为了表示自己的诚意，廉颇脱下了自己的战袍，光着上身，背着荆条，步行来到蔺相如的府邸。

蔺相如见廉颇如此真诚，连忙出门迎接。廉颇见到蔺相如，立刻跪下说："廉颇愚昧，不知蔺大人之宽宏大量。今日特来请罪，望蔺大人责罚。"

蔺相如见状，连忙扶起廉颇，两人相拥而泣。蔺相如说："将军能够知错就改，这是赵国的福气啊！"从此，两人结为挚友，共同为赵国的繁荣和强大贡献自己的力量。

兵法智慧

虽然廉颇以前做了很多羞辱蔺相如的事情，但他很快就意识到了自己的错误，并主动向蔺相如认错，最终得到了谅解。

这个故事告诉我们，犯了错并不可怕，只要勇敢承认，主动承担责任，一切都微不足道。比如，有的同学不小心弄坏了同桌的文具盒，却假装不知道，以为这样就可以隐瞒过去。但是错误迟早会被发现,倒不如主动向同桌说明情况,道歉并承担责任。这样不仅会得到同桌的谅解,也会赢得同学们的尊重。

成语在线

fù jīng qǐng zuì

负荆请罪

出处:《史记·廉颇蔺相如列传》。

释义:背着荆条,表示向当事人请罪,用于赔礼道歉的场合。形容主动向人认错、道歉,自请严厉责罚。

近义词:幡然悔悟、引咎自责、肉袒负荆。

反义词:兴师问罪、死不悔改、一意孤行。

成语接龙:负荆请罪——罪不容诛——诛一警百——百战百胜。

成语造句:张先生为前一晚的扰邻行为而惭愧,因此到邻居家负荆请罪。

九地篇

因时因地而制宜

兵法典著

孙子曰：用兵之法，有散地，有轻地，有争地，有交地，有衢地，有重地，有圮地，有围地，有死地。

——《九地篇》

经典释读

孙武说：根据用兵的原则，作战之地有散地、轻地、争地、交地、衢地、重地、圮地、围地、死地等九种类型。

历史故事

秦晋崤之战

春秋时期,秦国逐渐强大。秦穆公继位后,有了称霸中原的野心。然而,秦国想要入主中原地区,必须征服强大的晋国。不久之后,晋国国君去世,秦穆公立即召集大臣,表示想要发兵越过晋国攻打郑国。

"晋国国君刚去世,内务空虚,正好趁此时机越过晋国,进攻郑国!只要打败郑国,就能打开进入中原的门户呀!这是绝佳的机会!"秦穆公说。

然而,大臣蹇叔等人并不赞同秦穆公的大胆计划,可是秦穆公不听劝阻,执意要偷袭郑国。

"不要再说了,我已经决定了。"秦穆公严厉地说道。

随后,秦穆公派遣孟明视等将领率军出发。他们顺利通过了崤山隘道,越过晋国南境,抵达滑国。在这里,他们遇到了郑国商人弦高。弦高看到秦国军队,立即意识到大事不妙:"咦,秦国军队来这里干什么,难道有什么可怕的计划?"

机智的弦高冒充郑国使者，偷偷潜入军营，拿出食物和宝物犒劳秦军。当他得知秦军要攻打郑国的计划之后，立即派人回国报信。不久，孟明视得知郑国已经在做准备，如果再进攻，秦军胜算太低，不敢再前进，于是决定暂时率兵回国。

不过，回秦国还是要经过晋国，晋襄公得知秦军的行动后，决定给秦国一个教训，让秦国知道晋国可不是好惹的。

晋襄公派先轸率军秘密赶至崤山。先轸到达之后，观察了一下地形，发现崤山最适合伏击，于是联络当地的姜戎埋伏于隘道两侧，准备对秦军进行伏击。

秦军没想到晋国会中途攻击他们，所以根本没有任何防备，未通敌情。等秦军进入崤山之后，先轸立即下令封锁峡谷两头，突然发起猛攻。晋襄公还在为先王服丧，他身着丧服督战，将士们个个奋勇杀敌，打得秦军狼狈不堪。秦军被夹击在山谷之中进退两难，前有狼，后有虎，不多时就全军覆没了。

兵法智慧

这个故事的背景是晋国先王刚刚去世，晋国国内防守疲弱。晋国将军先轸临危受命，接到阻击秦军的任务后，他仔细分析山地地形，制订作战计划，最终一举打败秦军。

这个故事告诉我们，无论做什么事情，都不要过度相信以前的经验，要根据当时的具体情况做决定。比如，语文有许多需要记忆的知识点，我们可以通过熟读背诵来学习；如果仍然通过背诵的方式学习数学，则会事倍功半，很多内容学不明白。这是因为语文和数学的性质不同，学习技巧和方法也有很大不同。

同学们，不同的学科有不同的学习技巧。比如，语文要多读多背，数学要多算多练……

成语在线

hè　hè　zhàn　gōng
赫 赫 战 功

出处：《曹选》。

释义：赫赫指很多，很显赫的意思；战功指的是战斗中建立的功绩。形容战功卓著。

近义词：战功卓著、战功彪炳、战功赫赫。

反义词：屡战屡败、不堪一击。

成语接龙：赫赫战功——功德无量——量小力微——微为繁富。

成语造句：他在战争中立下了赫赫战功，成了人民敬仰的英雄。

置之死地而后生

兵法典著

投之亡地然后存,陷之死地然后生。夫众陷于害,然后能为胜败。

——《九地篇》

经典释读

只有把兵士们放到危险的境地,他们才能够存活;让他们身陷死亡之地,他们才能拼死作战来活命。让兵士们陷入不利的环境,他们才能够安心作战,才能获胜。

历史故事

破釜沉舟

秦朝末年,天下大乱,群雄并起。项羽是楚国的一位年轻将领,他力大无穷,勇猛善战。他带领着一支楚军,决心推翻暴虐的秦朝。

公元前207年,项羽率军队来到了黄河的一个渡口,准备渡河攻打秦军。但是,秦军在对岸严阵以待,兵力强大,形势对楚军极为不利。项羽知道,如果直接渡河作战,很可能会被秦军击败。一想到这里,项羽就犯难。

该怎么办呢?怎么做才能带领士兵们渡过黄河,打败秦军呢?项羽思忖着。

为了激发士兵们的斗志,项羽做出了一个惊人的决定。这天早上,项羽站在士兵们面前下令:"所有人听我命令,把手中的粮草全部丢掉,把船砸沉,把锅碗瓢盆全部砸掉,随身只带三天干粮。"

士兵们听了,全都懵了:怎么回事?丢了粮草,砸了锅碗瓢盆,还怎么吃饭?没饭吃怎么打仗?就在士兵们疑惑不解时,项羽已经开始砸锅了。无奈之下,士兵们也跟着把所有的船砸沉,把做饭的锅都砸破,只带三天的干粮。

项羽站在士兵们面前,大声说道:"我们的船已经被砸沉,锅已经被打破,三天之后就没有粮食了。我们要是不战胜秦军,就没有活路了。所以,我们必须拼尽全力,打败秦军!"

士兵们这才明白,项羽这样做的目的是告诉大家,他们已经没有退路了,只有勇往直前,战胜敌人,才能生存。

士兵们被项羽的勇气和决心感染,士气大振,纷纷表示愿意跟随项羽,与秦军决一死战。

在项羽的带领下,楚军士兵们个个勇猛向前,奋勇战斗。

秦军被楚军的气势震慑,他们没有想到楚军会如此勇猛。在楚军的猛烈攻击下,秦军节节败退,最终被彻底击败。这就是历史上著名的"巨鹿之战"。

兵法智慧

项羽之所以能够击败秦军,"破釜沉舟"这一招起到了决定性的作用。破釜沉舟其实就是把自己置于绝境之中,士兵们知道退无可退,只有奋勇向前才能杀出一条生路来。

这个故事告诉我们,无论是生活还是学习,都要敢于直面困难,把自己放在"绝境"中,激发出潜能。比如,你是一个内向的人,但要代表班级参加演讲比赛,内心十分紧张不安。越是不敢在众人面前演讲,你就越要逼着自己去适应这种场合。首先,你可以先在爸爸妈妈面前演讲,然后再在小区公园内给叔叔阿姨演讲，最后在班级同学面前演讲，逐步适应更多的观众。慢慢地，你就可以克服恐惧，最终获得成功。

成语在线

láng bèi bù kān
狼 狈 不 堪

出处：《三国志·蜀书·马超传》。

释义：形容处境十分困难、窘迫。

近义词：瓦解土崩、手足无措、落荒而逃。

反义词：镇定自若、从容不迫。

成语接龙：狼狈不堪——堪以告慰——慰情胜无——无疾而终。

成语造句：他没想到自己在大庭广众之下失误了，弄得如此狼狈不堪。

火攻篇

择时而行,方显成效

兵法典著

行火必有因。烟火必素具。发火有时,起火有日。时者,天之燥也。日者,月在箕、壁、翼、轸也。凡此四宿者,风起之日也。

——《火攻篇》

经典释读

实施火攻必须具备一定的条件,放火器材必须平常备好。发起火攻要依靠天时,放火要在恰当的日子。天时,是指天干物燥的时候;恰当的日子,是指月亮运行到箕、壁、翼、轸四星所在位置的时候。凡是月亮运行到这四星所在的位置时,都是起风的日子。

历史故事

赤壁之战

东汉末年,天下战乱纷争不断,群雄割据。曹操在统一了北方大部分地区后,开始将目标转向南方,意图一统天下。然而,南方有两个非常强大的敌人,一个是孙权,一个是刘备。通过一番思考,曹操决定先消灭刘备,再击败孙权。

刘备得知曹操想要攻打自己之后,非常害怕,毕竟自己不是他的对手,于是决定和孙权结盟。孙权的实力也不如曹操,他的军师周瑜和鲁肃都认为,只有联合刘备,才能抵抗曹操的进攻。于是,双方达成了盟约。

不久,曹操率领大军到达长江北岸,战船连成一片。他自信满满,心想:哼,孙权和刘备就算联盟了,也不是我的对手。

长江南岸,周瑜和诸葛亮正在商议如何对付曹操。他们观察到,曹操竟然让士兵把战船全都连接了起来。原来,曹操的士兵大多来自北方,不熟悉水性,坐船的时候容易晕船。所以曹操想了一个办法,就是把所有的船都连起来,这样不就像在平地上一样了吗?

然而，诸葛亮和周瑜却发现了这么做的弊端。恰好当时起了东风，两个人决定利用天时地利，采取火攻的策略。在一个月黑风高的夜晚，周瑜派黄盖佯装投降，率领几艘装满易燃材料的船只，驶向曹操的水寨。黄盖的船队顺风而行，迅速接近了对方。

曹操的士兵看到黄盖的船队，以为他是真的投降，纷纷出来迎接。然而，当黄盖的船队靠近时，突然间火光冲天，火焰迅速蔓延到曹操的战船上。由于东风的助力，火势迅速失控，曹操的水军陷入了混乱。

刘备和孙权的联军趁机发动攻击，曹操的军队在火海中无处可逃，死伤无数。曹操在混乱中仓皇北逃，赤壁之战以其惨败告终。

兵法智慧

赤壁之战中，刘备和孙权的联军在兵力上远远不及曹操，为什么最终赢了呢？根本原因是各自军师的足智多谋，善于运用天时地利，及时调整战争策略。诸葛亮和周瑜战前做了一系列部署，唯独没有想到火攻，直到看到曹操的船连成一片，又夜观天象，发现会有东风，这才制定了火攻战术。

这个故事告诉我们，处理事情时，只要选取合适的时机，就能事半功倍。

比如，很多同学学习效率低，也许是因为学习的时机不对。改变一下学习时间，也许效果就会很好。有些人早上清醒，有些人晚上比较专注，只有了解自己的学习高效时段，并在这些时段安排重要的学习任务，学习才会变得更加轻松高效。

成语在线

月黑风高（yuè hēi fēng gāo）

出处：《挌掌录》。

释义：没有月光风也很大的夜晚，比喻险恶的环境。

近义词：日月无光、天昏地暗、深更半夜。

反义词：月明如镜、月明星稀。

成语接龙：月黑风高——高山流水——水落石出——出生入死。

成语造句：在一个月黑风高的夜晚，他独自走在荒凉的街头，感觉非常害怕。

用间篇

洞悉他人弱点

兵法典著

故明君贤将,所以动而胜人,成功出于众者,先知也。先知者,不可取于鬼神,不可象于事,不可验于度,必取于人,知敌之情者也。

——《用间篇》

经典释读

因此,英明的国君和贤能的将领,之所以可以一出兵就战胜敌人,取得超越众人的成功,是因为他们能事先了解敌情。要事先了解敌情,不能够用迷信鬼神的方法去取得,也不能够用过去相似的事情来类比推测,更不能用观察日月星辰的运行去验证,一定要从了解敌情的人那里去获得。

历史故事

周瑜反间曹操

东汉末年,曹操拥有一支强大的陆军,为了统一中国,打败孙权,他决定训练一支水军。不过,曹操是北方人,训练陆地军队非常在行,对水战却很不熟悉。正在他不知道该怎么办的时候,两位精通水战的将领蔡瑁和张允表示想要归降曹操。曹操非常高兴,不仅设宴款待,还让他们当将军,全权训练自己的水军。

东吴的周瑜是孙权的军师,他得知这个情况之后,意识到蔡瑁和张允是巨大的威胁,如果不除掉他们,一旦曹操的水军训练完毕,东吴可就遭殃了。恰好这时候,曹操派遣谋士蒋干来东吴打探情况,顺便劝周瑜投降。周瑜忽然想到一个好办法。

蒋干和周瑜原本是好朋友,周瑜大摆宴席款待他。宴会上周瑜只谈友情,不谈军事,蒋干好几次想要提投降的事情,都被周瑜打断了。直到宴席结束,两人已经喝得酩酊大醉,蒋干还没机会劝降。

到了晚上，周瑜假装酒醉，与蒋干同床共眠。蒋干还有任务没完成，睡不着。他忽然发现了一封蔡瑁和张允写给周瑜的信，信中说他们打算投降东吴。蒋干一看，这还了得，于是趁夜离开东吴回到曹操大营，将信带给了曹操。曹操看完信后震怒，立即让人将蔡瑁和张允捆起来，连拷问都没有，直接就斩首了。

周瑜听到二人被杀的消息，大喜过望。原来，那封信是他伪造的，蔡瑁和张允从来没有给他写过信。周瑜早就听说曹操生性多疑，因此才使了这一招反间计，故意露出破绽，让蒋干发现那封信。

等曹操冷静下来，意识到自己中了周瑜的反间计时，已经为时过晚。两位水军将军被杀，一时间水军群龙无首，曹操的水军实力大大削弱了。后来，赤壁之战爆发，由于士兵不熟悉水战，曹操下令把船连起来，最终遭受火攻，大败而归。

兵法智慧

周瑜之所以能够不耗费一兵一卒，就借曹操之手杀掉蔡瑁和张允，关键在于他了解曹操的弱点。曹操本就生性多疑，而蔡瑁和张允又是投降而来的，曹操对他们更加缺乏信任。因此，周瑜一封信就让曹操中计，亲自除掉了两员大将。

这个故事告诉我们，了解对手的弱点，才能轻松地击败对手。比如，参加乒乓球比赛前，除了刻苦训练，还要仔细分析对方球员的优势和劣势。这样在比赛时，着重进攻对方的弱势之处，就能大大增加获胜的概率。

成语在线

qún lóng wú shǒu

群龙无首

出处：《易·乾》。

释义：一群龙没有领头的。比喻没有领头的人，无从统一行动。

近义词：乌合之众、各自为政、各自为战。

反义词：一呼百应、应者云集。

成语接龙：群龙无首——首当其冲——冲天豪气——气吞山河。

成语造句：班主任一走，整个班级一下子群龙无首，犹如一盘散沙，无法形成强大的合力。